A FANTÁSTICA AVENTURA DE PATRICINHA no new time shopping center

Copyright © 2016 Autêntica Editora
Texto © 2016 Lourenço Cazarré

Todos os direitos reservados pela Autêntica Editora. Nenhuma parte desta publicação poderá ser reproduzida, seja por meios mecânicos, eletrônicos, seja via cópia xerográfica, sem a autorização prévia da Editora.

Edição geral
Sonia Junqueira

Revisão
Maria Theresa Tavares

Capa
Carol Oliveira
(sobre imagem de Cláudio Martins)

Diagramação
Carol Oliveira

Dados Internacionais de Catalogação na Publicação (CIP)
(Câmara Brasileira do Livro, SP, Brasil)

Cazarré, Lourenço
    A fantástica aventura de Patricinha no New Time Shopping Center / texto Lourenço Cazarré ; ilustração Cláudio Martins. – 1. ed. – Belo Horizonte : Autêntica Editora, 2016.

    ISBN: 978-85-513-0069-5

    1. Literatura infantojuvenil 2. Ficção juvenil I. Martins, Cláudio. II. Título.

16-06968   CDD-028.5

Índices para catálogo sistemático:
1. Ficção : Literatura infantojuvenil 028.5
2. Ficção : Literatura juvenil 028.5

GRUPO **AUTÊNTICA**

Belo Horizonte	**Rio de Janeiro**	**São Paulo**
Rua Carlos Turner, 420	Rua Debret, 23, sala 401	Av. Paulista, 2.073,
Silveira . 31140-520	Centro . 20030-080	Conjunto Nacional, Horsa I
Belo Horizonte . MG	Rio de Janeiro . RJ	23º andar . Conj. 2301 .
Tel.: (55 31) 3465-4500	Tel.: (55 21) 3179-1975	Cerqueira César . 01311-940
		São Paulo . SP
		Tel.: (55 11) 3034 4468

www.grupoautentica.com.br

TEXTO
Lourenço Cazarré

ILUSTRAÇÃO
Cláudio Martins

A FANTÁSTICA AVENTURA DE PATRICINHA NO NEW TIME SHOPPING CENTER

autêntica

SUMÁRIO

A Ferrari e seu dono 7

Patricinha 9

O sumiço 11

Por uma fração de segundo 13

Brasiliana, a sucuriguaçu 15

Alerta máximo! 17

Um troço atravessado no papo 19

O garoto apimentado 21

O patim voador 24

Cabeçada dupla 26

Uma solução rápida, mas dolorosa 28

A volta ao ringue do Rei da Marmelada 30

Foi por pura falta de ar 32

O veterinário de animais selvagens 34

Armação do marketing do shopping 36

O primeiro telefonema 38

Um sumidouro de namoradas 41

A possibilidade de um vexame total 43

Pirralho, você é um gênio! 45

A chicotada deu chabu 47

Aqui está o maior auê 48

Então a cobra é mesmo de mentirinha 50

Um ventinho fresco 52

Cintura bem fininha 54

A propaganda é a alma do negócio 56

Cosquinha no sovaco 58

Uma baleia no aquário 60

Comer feijão pra ficar forte 63

Povo besta! 65

Aqui dentro é muito apertado 67

Aquilo não parecia perigoso 69

Os ridículos sons que saem das gargantas humanas 71

Eu processo você, menina má! 73

Ódio pela palavra "money" 74

Mangueira enroscada num canto de jardim 76

É muito mico! 78

Dentinho de leite 79

Saudade da selva 81

Diga antes o nome do meu pai 83

Mais brava do que viva 85

O enterro e mais uma indenização 87

Não sou um ser racional, gente! 89

Nem para dentro nem para fora 91

Os cabelos loiros e lisos de Patricinha 93

Eu, descabelada? Nunca! 95

Na boca de um leão faminto 96

Umas comprinhas básicas 97

Duas ordens de El Tigre 99

Eles vão mesmo me tirar o rango 101

Palavras de muitas sílabas 103

O sorriso de sua vida 105

Uma chance real de salvação 107

A FERRARI E SEU DONO

Rodando na velocidade de um raio, a Ferrari vermelha mergulhou na boca escancarada do estacionamento subterrâneo do gigantesco edifício.

Acima do chão, trinta andares de paredes de vidro fumê. Embaixo da terra, quatro andares de estacionamento.

O New Time Shopping Center (NTSC) era o mais novo e luxuoso centro comercial da cidade.

A Ferrari era dirigida por um jovem de 18 anos chamado Maurício Trancoso Tupinambá. No dia anterior, ele ganhara do pai aquele carro como presente de aniversário. O pai dele era o megaempresário Pedro Luís Almeida Castanheira Tupinambá, mais conhecido como PLACT.

Quando uma pessoa é muito rica e tem dinheiro suficiente para possuir uns dez carros luxuosos, mas não quer se incomodar com a construção de uma imensa garagem, ela compra uma Ferrari.

Esse foi exatamente o caso de PLACT. Ele poderia, se quisesse, dar meia dúzia de automóveis fabulosos ao filho no dia em que ele alcançava a maioridade, mas resolveu presenteá-lo com um exemplar do carro mais famoso do mundo.

Rooooooooooonc!

O ronco do automóvel fez estremecer o ar abafado do estacionamento.

"Por favor, aperte o botão vermelho", retrucou a voz metálica da máquina que controlava o acesso dos carros.

Do interior da Ferrari, um braço projetou-se para fora. Era um senhor braço bronzeado, com um bíceps tão grosso e musculoso quanto uma coxa de zagueiro. Um dedão pressionou o botão e um tíquete saltou do interior da máquina, que disse:

"Apanhe seu comprovante, por favor!".

Uma mãozorra recolheu o papel e o ronco mais uma vez se pronunciou:

Rooooooooooonc!

Todos os que estavam naquele andar se voltaram na direção do estrondo, que correspondia mais ou menos ao rugir de uns cem automóveis comuns.

Quando a cancela subiu, o carro voou para o interior do estacionamento. Ao localizar uma bela vaga, num lugar onde a Ferrari poderia ser vista por todos que chegavam, Maurício fez uma rápida manobra e estacionou. Antes de desligar o motor, mais uma vez pressionou o pé.

Rooooooooooonc!

Toda vez que acelerava, ele imaginava que a Ferrari estava dizendo: "Sou o automóvel mais caro e veloz deste pedaço!".

Logo a porta esquerda do carro escancarou-se e por ela saiu Maurício. Da sola dos tênis ao alto do cabelo arrepiado, ele somava cento e noventa centímetros. E pesava exatos cem quilos. Para simplificar, vamos descrevê-lo assim: era só músculo, com várias dobras.

Maurício correu o olhar em volta e não viu ninguém. Que pena! Era chato não haver gente por ali para saber que ele era o dono da Ferrari. Bocejou. Depois, espreguiçou-se, o que fez com que vários músculos explodissem pelo corpo dele: nos ombros, nos bíceps, nos antebraços, no pescoço de touro. Suspirou fundo e resmungou:

– Saia, Patricinha!

PATRICINHA

A porta direita da Ferrari abriu-se e por ela saiu uma perna. Uma perninha, para falar a verdade. Na ponta dessa perninha havia uma senhora sandália de salto, salto altíssimo e finíssimo. Na parte em que se assentava a planta do pé, o solado tinha dez centímetros de altura. O salto propriamente dito, na parte de trás da sandália, media dezoito centímetros.

Depois da perninha veio um corpinho.

Patricinha, cujo nome completo era Patrícia Samantha Bulhões do Monte Verde, media um metro e cinquenta e quatro centímetros, mas no momento em que se pôs de pé sobre a sandália passou a medir um metro e setenta e dois, a altura mínima que se exige de uma menina que queira ser modelo internacional.

Patrícia não tinha altura de manequim, mas tinha peso. Antes de sair de casa, pesara-se na balança de alta precisão que mantinha no banheiro: quarenta e um quilos e cem gramas. E também tinha uma cabeleira de manequim, loira, arranjada num corte *superfashion*.

– Vamos, gatinha – comandou Maurício.

Lado a lado, os dois marcharam para o elevador que os levaria ao interior do shopping.

Patrícia vestia uma saia jeans bem curtinha e uma blusinha de seda ainda mais mini. Na cintura, levava um cinto de ouro.

(Atenção: eu não escrevi cinto de couro. Escrevi cinto de *ouro*.) Ouro de dezoito quilates. Para simplificar, ouro puro. Não era um cinto largo, não, na verdade era bastante estreito, mas era de ouro. Presente da mãe no dia em que ela fizera 15 anos, uma semana antes. No braço, levava uma baita bolsa. Mais propriamente, um bolsão de couro de antílope, com fechos e alças de ouro.

Como sempre, naquele dia Maurício vestia uma calça jeans apertada e uma camiseta de malha de mangas curtas, ainda mais apertada.

Eles formavam um par interessante: Maurício fortíssimo, Patricinha delicadíssima. Vistos por trás, o rapaz parecia um gorila e a menina lembrava um filhotinho de gazela.

Patrícia parecia estar flutuando no ar, porque os saltos de suas sandálias eram de acrílico transparente. Maurício, que levantava bem alto os joelhos, parecia estar caminhando num lodaçal pegajoso.

Do carro ao elevador, não trocaram uma só palavra. Por um motivo bastante simples: Patrícia falava ao celular. Aliás, desceu do carro falando e falando se dirigiu à entrada. Conversava com uma amiga.

– Odeio roupa escura! – dizia ela quando entraram no elevador envidraçado. – Morro de ódio! Eu me amarro em brilho, entende? Amo coisas cintilantes. Trecos vibrantes. Alto astral. Pra cima, saca? Muito ouro e pedrarias. O que eu uso pode até ser meio brega, mas é de grife. Só compro roupas de marcas que são famosas no mundo todo. Roupa, pra mim, tem que ser cara, sacou? Não aguento coisa barata. Morro só de pensar que, um dia, vou bater de frente com uma menina que tá vestindo uma peça igual a uma minha.

O SUMIÇO

No térreo, abriu-se a porta do elevador e Maurício saiu, murmurando para o saguão do NTSC:
— Que beleza!
O saguão do edifício era do tamanho de um campo de futebol.
O rapaz deu uns cinco passos largos e parou. Ergueu o rosto e se pôs a observar as escadas rolantes, os elevadores panorâmicos e os letreiros multicoloridos das lojas que vendiam produtos das mais famosas marcas do planeta.
No alto, uma claraboia mostrava o céu azul. Apoiadas no parapeito que circulava o primeiro andar, centenas de pessoas olhavam para baixo a fim de apreciar o que acontecia no imenso salão.
Embevecido na contemplação daquele cenário, Maurício não percebeu que, à sua direita, havia uma grande jaula coberta por uma lona preta. Nela seria exibida, a partir daquele dia, um exemplar gigantesco da sucuriguaçu, a maior das cobras encontradas no Brasil.
De repente, o rapaz baixou o queixo e arrancou na mesma passada firme de antes. Deu outros cincos passos até lembrar-se de que estava com Patrícia. Parou bruscamente e voltou-se para ver a namorada.
— Onde se enfiou essa menina?

A porta do elevador estava fechada e não se via nem sinal de Patrícia.

– Caramba! Ela não cala o bico nem por um segundo. Parece que nasceu com um celular grudado na mão. Nem deve ter percebido que eu desembarquei.

Emburrado, dirigiu-se para perto do elevador e, ali, de braços cruzados, pôs-se a esperar.

Acontece que Patricinha não estava no elevador.

POR UMA FRAÇÃO DE SEGUNDO

Entre as milhares de pessoas que estavam naquele momento no NTSC, apenas uma viu o que aconteceu com Patrícia Samantha Bulhões do Monte Verde.

O agente de segurança Valdomiro Santos era o encarregado de observar permanentemente os elevadores para detectar se havia problema com algum deles. Do seu posto, ele passava as tardes com o binóculo apontado para o vaivém dos ascensores.

Naquele dia, Valdomiro estava bastante cansado. Quando consultou o relógio, viu que eram quatro horas em ponto.

– Puxa, ainda faltam seis horas pra eu deixar o trabalho!

Suspirou fundo e levou o binóculo ao rosto. Seus olhos foram atraídos pela parada do elevador número dez no térreo. Valdomiro notou a saída de um rapaz alto e forte, que deu alguns passos e parou a fim de observar o interior do prédio. Pouco depois, uma garota magricelinha deixou o elevador caminhando velozmente, de cabeça baixa. Com a mão direita encostada ao ouvido, ela gesticulava com a esquerda.

"Deve estar falando ao telefone", pensou o agente.

Em vez de seguir em linha reta, como o rapaz, a garota desviou-se para a direita.

Valdomiro pressentiu que algo ia dar errado.

A garota se encaminhou diretamente para uma pequena porta que havia na lateral da imensa jaula.

Por uma coincidência impressionante, ela chegou à portinhola no exato instante em que um operário, de costas para ela, verificava se as dobradiças estavam funcionando bem.

Quando o trabalhador puxou a porta, abrindo-a bem pouquinho, a garota passou como uma flecha. Concentrado no trabalho, o homem não percebeu nada. E voltou a fechar a porta.

Duro de espanto, Valdomiro gemeu:

– Cacetada! Que azar! Se tivesse chegado uma fração de segundo antes, a menina teria esbarrado na porta ainda fechada. Se tivesse chegado uma fração de segundo depois, a porta já estaria fechada novamente.

O agente de segurança soltou o binóculo e apanhou o telefone.

BRASILIANA, A SUCURIGUAÇU

A gigantesca armação de ferro, dentro da qual seria exibida a sucuriguaçu, estava coberta por uma lona preta quando Patrícia caiu lá dentro.

Por isso, ninguém viu o tombo que a garota levou.

Por que um tombo? Acontece que entre o piso do saguão e o chão da jaula havia um desnível de um metro.

Patricinha não teve tempo nem de gritar. Simplesmente enfiou o pé no vazio e despencou. Caiu de lado, bateu forte com a cabeça no chão e desmaiou na hora. Mas o celular dela permaneceu ligado. E a menina que estava no outro lado da linha pôde então falar com tranquilidade, porque Patrícia, surpreendentemente, havia calado o bico.

Brasiliana, assim se chamava a cobra gigante, estava no canto mais escuro da jaula, enrodilhada, pensativa, irritada e com muita fome.

Estava irritada porque sabia que, dali a pouco, teria de permanecer horas e horas exposta à curiosidade das pessoas. E ela não apreciava seres humanos.

Estava faminta porque seu dono não havia lhe dado comida nos últimos sete dias, a fim de que ela parecesse mais esbelta do que era. Afinal, ela seria exibida num shopping de alto luxo. Precisava estar fininha, elegante.

Brasiliana era simplesmente o maior exemplar de sucuriguaçu já capturado na Floresta Amazônica: media dezessete metros e pesava quatrocentos quilos quando em jejum, como naquele dia.

Quando a cabeça de Patrícia bateu contra o chão, *plump!*, um arrepio sacudiu a superfície brilhante, de um belo esverdeado quase negro, do corpo da cobra.

Brasiliana rapidamente se recuperou do susto. Sua cabeça ergueu-se como o periscópio de um submarino. Sua longa e fina língua bifurcada movimentou-se rapidamente fora da boca, como que para testar a temperatura do ar. Seus olhos amarelos cintilaram na escuridão.

A serpente olhou para a garota caída. Não prestou muita atenção nos detalhes. Era um ser vivo, e isso lhe bastava. Deslizou velozmente na direção de Patricinha. Ao se aproximar da menina, teve um novo estremecimento. Que som estranho seria aquele?

O som, claro, saía do celular que estava na mão fechada de Patrícia. Nele ainda vibrava a voz da outra garota, que continuava a enumerar roupas e perfumes caros.

Brasiliana nunca havia comido nenhum bicho com uma voz daquelas, metálica, mas não quis saber de conversa. Abriu a bocarra e...

ALERTA MÁXIMO!

Valdomiro Santos sabia que tinha de agir depressa. Pigarreou para limpar a garganta e, com a mão trêmula, apertou quatro números no telefone vermelho que só era usado em situações de emergência.

– Alerta! – berrou o agente. – Uma garota caiu dentro da jaula da cobra gigante!

Naquele exato momento, a lona que cobria a jaula foi retirada, Brasiliana apareceu e imediatamente foi saudada pela multidão com um rugido de espanto:

Ohhhhhhhhhh!

O agente Valdomiro soltou o telefone, apanhou de novo o binóculo e examinou a jaula. Não viu nem sinal da garota.

– Será que eu sonhei?

Lá embaixo, as pessoas se apertavam contra as grades da jaula. As que estavam na frente apontavam para um calombo que começava um pouco abaixo da cabeça da cobra.

– Garanto que é um bezerrinho que ela comeu faz pouco! – disse uma senhora.

– Vai ver ela engoliu o domador! – comentou um piadista.

Muitas outras pessoas que estavam por ali deram palpites sobre a inchação que se via no corpo da serpente, mas só uma tinha a explicação correta.

Tremendo do solado das botas ao boné, o agente Valdomiro Santos baixou o binóculo. Depois tornou a pegar o telefone de emergência e com um berro formidável anunciou:

– Alerta máximo! A cobra engoliu uma garota!

UM TROÇO ATRAVESSADO NO PAPO

As palavras de Valdomiro foram reproduzidas por um alto-falante na sala de controle da segurança do NTSC no quarto subsolo.

Quando o agente anunciou que uma garota havia caído dentro da jaula da sucuri gigante, o chefe do serviço de segurança voltou-se imediatamente para os monitores de televisão. Eram muitos, e eles focavam vários pontos do edifício.

Como viu num dos monitores que a gigantesca gaiola de ferro ainda estava coberta pela lona, o homem limitou-se a murmurar:

– Estranho! Será que o Valdomiro resolveu bancar o engraçadinho? Justo ele, que é sempre tão sério!

Um instante depois, quando a lona foi retirada e Valdomiro voltou a gritar, anunciando que a cobra havia engolido a garota, o chefe perdeu a paciência. Deu um murro na mesa e grunhiu:

– Acho que o Valdomiro tá querendo me irritar.

O homem que chefiava a equipe de segurança do shopping era um baixote muito forte: media um metro e sessenta de altura e tinha a mesma medida de circunferência peitoral e abdominal.

Francisco de Oliveira, mais conhecido como El Tigre, descendia de índios xavantes. Embora já tivesse 60 anos, seus cabelos ainda eram totalmente negros. Cortados curtos, ficavam espetados como cerdas de vassoura.

Durante trinta anos, El Tigre havia sido lutador de luta livre. Tinha viajado por todo o país, de sul a norte, de leste a oeste, exibindo-se em lutas combinadas, chamadas de *marmeladas*, para delírio de seus torcedores. Aposentado do ringue, tinha arranjado trabalho no NTSC.

– Vou arrancar fora a cabeça do Valdomiro! – berrou o ex-lutador e levantou da cadeira com um movimento muito ágil.

– Calma, chefe! – disse um jovem de cabelos longos atados num rabo de cavalo. – O Valdomiro pode estar falando a verdade. Olhe bem pra cobra! Ela não parece ter um troço atravessado no papo?

Os olhos oblíquos de El Tigre se apertaram. A cobra estava mesmo embuchada com alguma coisa.

– Alerta máximo! – gritou ele. – Quero todos os homens reunidos no saguão! Já!

O GAROTO APIMENTADO

Luís Antônio Saracura, o Tonico, garoto de 12 anos, sardento e de cabelos cor de fogo, estava parado junto ao parapeito do primeiro andar do NTSC.

Entediado, ele observava o saguão. Estava louco para ir embora porque desejava experimentar os patins que havia ganhado de sua mãe pouco antes. Mas tinha de esperar que ela acabasse de comprar um vidro de esmalte. E ela demorava uma eternidade quando entrava em uma perfumaria.

Quando a lona preta foi retirada por um mecanismo que a fez desaparecer em segundos, um arrepio percorreu a coluna vertebral do menino. Nunca imaginara ver uma serpente tão grande. Ele adorava ler sobre cobras e lagartos. Conhecia de cor e salteado as características das maiores e mais venenosas víboras do universo. Na internet, vira um exemplar de sucuriguaçu, mas bem menor do que o que estava diante dos seus olhos.

De repente, Tonico percebeu aquela inchação no corpo do animal.

Como sabia que uma cobra daquelas podia engolir até mesmo um animal de grande porte, concluiu que ela havia comido pouco antes algum bicho estreito e comprido. Talvez um jacaré.

Em seguida, o corpo de Tonico foi sacudido por outro tremor ainda mais forte: não, não podia ser um jacaré, o contorno do corpo engolido pertencia, sem dúvida, a um ser humano!

Sem refletir, o menino se colocou de pé sobre o parapeito e gritou com sua voz flauteada de adolescente:

– Solte a pessoa que engoliu, sua cobra nojenta!

O imenso corpo negro-esverdeado da serpente foi percorrido por um leve estremecimento. A cabeça afunilada da sucuri se voltou para o alto e ela viu Tonico sobre o parapeito.

"Não suporto meninos, especialmente ruivinhos. Todo garoto que nasce com a cara enferrujada por sardas e com o cabelo cor de labaredas é uma peste. Pra piorar, esse moleque tem uma voz tão desagradável quanto a da garota que acabei de devorar. Mas, se ele caísse por aqui, eu o comeria com grande prazer..."

– Tô falando com você mesmo, seu minhocão pateta! – berrou Tonico. – Não se faça de desentendido!

Perigosamente equilibrado no parapeito, carregando na mão esquerda a sacola com os patins, o menino correu para perto de onde estava a serpente.

A jaula tinha uma abertura no alto.

De cabeça em pé, sempre mirando o garoto que se encontrava sobre o peitoril, Brasiliana se moveu na direção dele, bem devagar. Não podia deslizar rapidamente, como gostava, porque tinha a garota entalada na goela.

Então, Tonico e a cobra ficaram bem próximos.

As pessoas que cercavam a jaula não sabiam onde fixar os olhos arregalados: no garoto equilibrista ou naquela cobra esquisita, gorducha apenas na parte de cima do corpo. Umas pessoas se benziam e outras tinham a boca aberta de espanto.

– Credo! – gemeu uma velhinha. – Se esse pirralho cai dentro da jaula, vai ser papado pela cobra.

– Vermelho daquele jeito, ele deve estar muito apimentado – comentou um brincalhão.

Brasiliana não tirava os olhos de Tonico. A verdade é que ela tinha um medo bárbaro de meninos. Não dava muita bola para homens adultos, mas borrava-se quando se via perto de um moleque. Sabia que eles vivem aprontando.

A fina língua bifurcada entrava e saía da boca da serpente como se ela estivesse lambendo os beiços após uma refeição gostosa.

O PATIM VOADOR

"Garanto que essa danada não está me levando a sério", pensou Tonico.

Era um garoto esquentado, não gostava de levar desaforo para casa. Mesmo que fosse o desaforo de uma sucuri.

O menino abriu a sacola que tinha na mão.

– Você vai ver o que é bom pra tosse!

Agarrou um dos patins novos, uma senhora bota de couro com quatro cintilantes rodas de aço presas ao solado. E, mais uma vez, concentrou o olhar na parte mais grossa da cobra, que começava um pouco abaixo do pescoço. Se é que cobra tem pescoço, claro.

"Sim, ali tem uma pessoa", pensou o garoto. "Uma pessoa que está deslizando aos poucos para dentro. Tenho de fazer alguma coisa logo pra salvá-la."

Do seu lado, Brasiliana também refletia: "Que pena que estou empanturrada! Se ainda estivesse com fome, eu saltaria até ali em cima e comeria com uma só bocada esse garoto metido a valentão".

Tonico girou o patim no ar, por cima da cabeça, como um vaqueiro se aprontando para laçar uma vaca. E, sem levar em conta que podia estar perdendo um presente caro, jogou o patim contra a serpente.

Brasiliana previu o movimento do garoto e resolveu que iria se esquivar no último instante. Só para criar um suspense, só para divertir a multidão.

Era uma cobra metida a brincalhona.

Mas esqueceu que estava de bucho cheio e que isso lhe retardava o reflexo.

Quando o patim veio zunindo, ela não foi rápida o suficiente para safar a cabeça. Foi atingida bem no meio da testa. Se é que cobra tem testa. Para ser mais exato, o patim a acertou entre os olhos, de cima para baixo.

Que pancada!

Foi um estrondo bárbaro, que chegou a ser ouvido por muita gente, embora o enorme saguão do shopping estivesse mergulhado em um grande zum-zum.

CABEÇADA DUPLA

A sucuri gigante ficou grogue, mas não perdeu totalmente o tino. Era um bicho muito cabeça dura.

Apesar de tonta, quis vingança na hora. Enfurecida, decidiu que, mesmo com aquela menina entalada no bandulho, voaria até o sardentinho para acabar com a raça dele.

Brasiliana enroscou-se rapidamente. E, em seguida, deu o bote. Foi ridículo! Voou pouco mais de um metro e caiu estatelada.

No momento em que bateu de volta no piso de granito, a cobra sentiu que os finos saltos das sandálias da garota que engolira pouco antes cravavam-se dolorosamente nas paredes internas do seu estômago.

Se soubesse gritar, a cobra teria dado um senhor berro de dor. Mas, como serpentes só sabem assobiar, chocalhar, guizalhar, roncar, sibilar e silvar, ela soltou um assobio fantástico:

Shiiiiiiiii!

Louca de dor, a sucuri deu três voltas em torno de si mesma, como um cachorro que quisesse morder a própria cauda.

Depois respirou fundo para acalmar-se.

A seguir, com um enérgico movimento de pescoço, tentou engolir mais um pouco a menina. Mas não pôde. Patrícia estava entalada na garganta dela como uma espinha de peixe cravada na goela de um comilão.

– Gostou da sapatada na testa? – perguntou Tonico. – Quer saber se o outro patim é mais duro ou mais mole?

Empolgado com o golpe certeiro no cocuruto da cobra, o garoto resolveu apanhar a segunda bota na sacola. Não devia. Desequilibrou-se e despencou do parapeito. Entrou pela abertura no alto da jaula e caiu exatamente em cima da cobra.

Para ser exato, ele veio de ponta-cabeça e chocou-se com a cabeça da cobra. Foi, digamos, uma cabeçada dupla.

O menino caiu no chão, desmaiado. A cobra não chegou a desmaiar, mas ficou completamente zonza. Seu pescoço girava como se estivesse sendo soprado por um redemoinho muito forte.

As pessoas que estavam junto à jaula roíam as unhas e trincavam os dentes, temerosas de que a cobra comesse o garoto ruivo assim que se recuperasse da cabeçada.

UMA SOLUÇÃO RÁPIDA, MAS DOLOROSA

bra que eu vou entrar! – berrou El Tigre para o agente que guardava a porta da jaula.

– Não tenho a chave, chefe. Ela tá com o americano, o dono do animal.

– Pois vá atrás desse sujeito! Você tem meio segundo pra achá-lo e mais meio segundo pra arrastá-lo até aqui.

– Não vai ser preciso, chefe. Ele tá atrás do senhor.

El Tigre deu meia-volta. Bob Smith, o proprietário da cobra, estava parado atrás dele. Era um loiro de dois metros de altura.

– Seu gringo, abra a jaula que eu vou entrar pra salvar a garota que sua cobra engoliu!

– *Ser* garoto –, Bob apontou Tonico caído ao solo. – E ainda não *for* engolido.

O chefe da segurança do shopping sacudiu a cabeça de cima para baixo como que concordando. Não podia perder tempo explicando ao americano que uma garota caíra antes na jaula e fora papada. Abriu um sorriso e disse:

– O português que o senhor fala é maravilhoso. Bem que o senhor poderia entrar pra Academia Brasileira de Letras. Vamos, abra a jaula!

– Que coisa o senhor vai *exatomente* fazer? – perguntou Bob, enfiando a chave na fechadura.

El Tigre gostava de cultivar a fama de malvado que adquirira quando lutava. Mostrou a Bob o canivetinho que usava para limpar suas unhas compridas e disse:

— Vou abrir a barriga da sua cobra.

Claro que era brincadeira. Um canivetinho daquele tamanho sequer arranharia a pele do animal. O americano, porém, levou a sério o que dizia o velho lutador. Parou de girar a chave e exclamou:

— Necas de pitibiribas! Na *minhocobra* ninguém tasca. Brasiliana *custar* um milhão de dólares.

— Não se preocupe com os detalhes, seu gringo — disse El Tigre, ainda brincando. — Se vou cortar sua cobra pela metade ou de alto a baixo, isso é problema meu. O certo é que vou fazer ela devolver a garota que engoliu. Entende? *Du iú anderistendi?*

— *Conivete* vai *dolorir* cobra — insistiu Bob. — Eu não *abrir* o porta *do* jaula.

O lutador aposentado pegou o americano pela camisa.

— Se não abrir já, você será processado por assassinato.

— Se eu *ser* processado, não *acontecer* nada. Processo *durar* trinta anos. No fim, Bob *estar* morto e enterrado. Ok?

El Tigre ficou sem saber o que responder. O americano parecia conhecer bem a justiça brasileira. Se houvesse um processo por ter a cobra dele comido uma pessoa, certamente a briga se arrastaria por décadas nos tribunais.

Então o chefe da segurança do NTSC pensou assim: "Eu sou El Tigre; durante trinta anos, percorri o Brasil do Oiapoque ao Chuí, lutei em todas as capitais, mas também nos vilarejos mais vagabundos. Conheço meu país como a palma da minha mão. Não posso permitir que um americano recém-chegado ao Brasil me impeça de salvar uma vida".

— O senhor gringo tem razão. Um processo judicial iria demorar uma barbaridade de tempo. Mas há uma solução mais rápida, embora dolorosa.

A VOLTA AO RINGUE DO REI DA MARMELADA

l Tigre levou o braço direito uns trinta centímetros para trás, fechou a mão e desferiu um discreto mas potente murro na boca do estômago do americano.

A mão do chefe da segurança do NTSC entrou pela pança flácida de Bob e só parou quando encontrou um osso, que estalou.

Lentamente, o loiro grandalhão começou a arriar.

– Segure com cuidado o *mister* – disse El Tigre ao agente que estava na porta da jaula. – Ele sofreu um mal-estar súbito.

Enquanto o homem bufava para amparar o gigante desmaiado, El Tigre girava a chave que Bob deixara na fechadura.

Quando entrou no ringue, quero dizer, na jaula, o antigo lutador de marmeladas foi saudado por um coro de aplausos e também de vaias. Mais vaias do que aplausos. Havia alguns que queriam que ele salvasse Tonico, sim, mas também tinha muita gente que gostaria de ver a cobra comer os dois, o garoto abusado e o chefe da segurança.

Marmelada, claro, todo mundo sabe o que é. É doce de marmelo. Mas as *marmeladas* a que me refiro aqui eram as lutas cujos resultados eram combinados com antecedência. Ou seja, sempre o lutador bonito e honesto vencia o feioso desonesto.

– Vamos, El Tigre, dê um nó nessa cobra! – berrou um careca.

O sujeito, de uns 50 anos, fora o único a reconhecer o velho atleta porque, quando menino, acompanhava pela televisão o fajuto campeonato brasileiro de luta livre. E já naquela época era um garoto estranho: só torcia para os lutadores que empregavam golpes proibidos.

Aquele grito teve o poder de empolgar El Tigre, que encheu os pulmões de ar e recuperou seu antigo olhar de gladiador malvado. Encarando a gigantesca cobra, ele disse em voz baixa, quase que carinhosamente:

– Minhoquinha, vou fazer você devolver a menina que engoliu. Mas não banque a engraçadinha. Se bancar, dou um nó de marinheiro em você.

Ainda zonza pelos golpes que recebera do menino, a sucuriguaçu mirou o gorducho baixote com um olhar interrogativo.

O velho lutador lembrou-se então do modo como era apresentado ao entrar nos tablados. Engrossou a voz e anunciou à cobra:

– Eu sou El Tigre, O Terror dos Ringues, O Rei da Marmelada, O Mestre dos Golpes Baixos, O Mais Traiçoeiro Lutador da América do Sul.

A cobra recuou a cabeça e se imobilizou.

El Tigre retesou os músculos. Sentia-se de volta aos ringues: jovem, forte e destemido.

FOI POR PURA FALTA DE AR

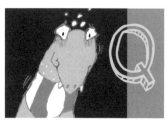

Quando El Tigre entrou na jaula, Brasiliana estava tão grogue que viu diante de si dois homens gordos e baixotes, idênticos, com a cara redonda e os olhos rasgados dos índios.

"Vou comer logo esses dois índios pançudinhos. Posso até morrer de indigestão, mas eles não me escapam. Uma cobra não pode dar mole para os índios porque eles são os caçadores mais espertos e manhosos. Se eu bobeio, eles me dominam."

Em seus 80 anos de vida, Brasiliana teve várias experiências ruins com índios do Pantanal e da Amazônia. Inúmeras vezes fora capturada por eles, embora sempre conseguisse escapar.

(Cabe aqui uma breve explicação. Brasiliana nasceu na região do Pantanal e viveu por lá uns 50 anos. Um dia, temendo ser esmagada pelas patas dos incontáveis touros e vacas que ali eram criados, viajou em busca de um lugar mais tranquilo. Foi assim que chegou à Amazônia, onde residiu até ser capturada por Bob Smith.)

El Tigre, pelo seu lado, mal entrou na jaula e já bolou um modo de atacar a serpente. Na época em que lutava, ele sempre subia ao ringue com um punhado de areia para jogar nos olhos dos adversários. Naquele dia ele não trazia areia, claro, mas tinha um saquinho de açúcar no bolso da calça. Com um rápido movimento do dedão, rompeu o saquinho ainda dentro do bolso. E depois jogou o açúcar diretamente nos olhos da sucuri gigante.

Na fração de segundo em que Brasiliana fechou os olhos, El Tigre saltou sobre ela, aplicou-lhe uma "gravata" e começou a esgoelá-la.

Ao sentir que estava sendo estrangulada, a sucuriguaçu decidiu reagir. Jogou o corpo para um lado e atirou a cabeça para o outro, mas mal conseguiu mover o antigo lutador, que passou a apertar-lhe o pescoço com mais força ainda.

El Tigre pesava mais do que a cobra sonhara e era muito mais forçudo do que a maioria dos homens.

O chefe da segurança, imaginando que enfrentava O Fantasma Capenga, seu maior adversário, empregou no golpe toda a força que ainda tinha, e que era muitíssima.

Aí, a cobra botou a língua para fora.

Não, ela não exibiu seus dois palmos de língua por deboche. Foi por pura falta de ar.

A multidão gritava em delírio, batia os pés e assobiava.

A maioria torcia para Brasiliana, repito, mas a torcida de El Tigre estava crescendo.

O VETERINÁRIO DE ANIMAIS SELVAGENS

arado no centro da jaula, esgoelando a serpente, o velho lutador foi invadido por uma gostosa sensação de orgulho. Antigamente, a multidão em torno do ringue só sabia xingá-lo, mas naquele dia ele estava recebendo aplausos e gritos de incentivo. Por isso, encarava as pessoas e sorria.

De repente, o rosto de um homem chamou-lhe a atenção. Era um sujeito pálido, mas com bochechas avermelhadas, que estava com a cara esmagada contra a grade de ferro da jaula. Ele gritava desesperadamente, mas o lutador não conseguia entender uma só palavra do que dizia, por causa da balbúrdia que reinava no saguão.

Levando a cobra de arrasto, El Tigre se aproximou da beira da jaula e concentrou-se na voz rouca do sujeito.

– Você tá matando a cobra!

– E daí? Essa cobra é má. Ela acabou de engolir uma garota. E se preparava pra comer um garoto.

– Se a cobra morrer, a garota que tá dentro dela morre também – explicou o homem. – Morre por falta de ar.

"O que esse cara diz faz sentido", pensou El Tigre. Aí, para tirar a dúvida, perguntou:

– O senhor é o quê, na vida?

– Veterinário de animais selvagens.

Ao ouvir aquelas palavras, o antigo lutador afrouxou a "gravata". Não devia.

ARMAÇÃO DO MARKETING DO SHOPPING

Aliviada a pressão, a cobra enrodilhou-se totalmente, bem devagarzinho, para não chamar a atenção de El Tigre.

Aí, de repente, num só golpe, distendeu-se em todo o seu comprimento.

Ou seja, espichou-se.

Foi um golpe terrível. El Tigre voou como nunca havia voado nos seus anos de ringue. Foi projetado contra o outro lado da jaula, a uns sete metros. Bateu violentamente com o cocuruto nas grades e viu estrelas, mas não desmaiou.

Mesmo tonto, ele quis voltar logo para a briga, como fazia nos seus tempos de profissional de luta livre. Agarrado à grade, levantou-se rapidamente. Mas, quando ficou de pé, recebeu uma tremenda rasteira que a cobra lhe aplicou com a cauda. O pobre homem subiu, flutuou no ar por um segundo e desabou de nuca no chão duro.

O povo delirava. As pessoas achavam que aquilo tudo não passava de uma armação do departamento de marketing do shopping para distraí-las. Batiam palmas e gritavam.

El Tigre apagou.

No exato momento em que o lutador aposentado desmaiava, Tonico acordava. Com um pulo, o menino botou-se de pé. E com três saltos alcançou a porta entreaberta da jaula.

Ainda recuperando o fôlego que perdera durante o estrangulamento, Brasiliana não teve forças para voar sobre o garoto ruivo que lhe aplicara uma "patinada" e uma cabeçada.

O PRIMEIRO TELEFONEMA

o momento em que Tonico pôs o pé fora da jaula, o celular de Maurício tocou.

– Onde está você, seu pateta?

O rapagão demorou para perceber que aquela voz estranha, abafada, pertencia à sua namorada.

– Patricinha?

– Claro que sou eu! Quem você achou que era? A rainha da Inglaterra?

Ele sempre ficava meio zonzo quando falava com a namorada ao telefone.

– Você tá onde, amorzinho?

– E eu vou saber? Tô num lugar escuro pra burro, que sacode muito. E você tá onde, bobão?

– Ora, eu continuo perto do elevador, esperando você.

– Que elevador?

– O do NTSC, claro!

– Ah, sim. Eu só me lembro que saí do elevador caminhando e, de repente, levei um tombo. Devo ter desmaiado. Agora, acabei de acordar não sei onde.

– Será que você morreu e foi pro céu, amor?

– Não seja tonto! Não vi nenhum anjo por perto. O que eu quero é que você me tire daqui...

– Daqui, onde?

– Sei lá! Eu não caminhei muito. Devo estar perto do elevador.

– Perto...

Olhando ao redor, Maurício nada viu que lhe chamasse a atenção no saguão, além, claro, daquele monte de gente barulhenta cercando a jaula.

– Patricinha, como é o lugar onde você tá?

– Abafado, silencioso, apertado, úmido e de vez em quando sacoleja.

– Sacoleja?

– Sim. Ainda há pouco houve um movimento brusco. Achei que ia sair voando.

– Mas você tá bem?

– Bem, bem, não. Sinto um pouco de calor. Acho que minha maquiagem vai começar a derreter. E eu vou ficar feia como uma bruxa.

– Por onde começo a procurar? Será que você caiu na rede de esgotos?

– Esgotos num shopping? Você tá maluco?

– Já sei! Garanto que você caiu no poço do elevador!

– Que barulho é esse aí, Maurício? Essa gritaria perto de você?

– Tá havendo uma confusão aqui no saguão –, o rapaz ergueu-se na ponta dos pés e olhou por cima da multidão. – Dentro de uma jaula tem uma cobra enorme e um homem gordo deitado.

– Cobra em shopping? Para com isso!

– É verdade, Patricinha. Ouvi umas pessoas dizendo que a cobra engoliu uma pessoa...

– E você acreditou? Deixe de ser bobo! Procure imediatamente o serviço de segurança do shopping. Registre uma queixa. Eles têm obrigação de descobrir onde eu tô!

– Vou fazer isso agora.

– Preciso sair já daqui! Tenho uma lista imensa de coisas pra comprar!

E Patrícia desligou.

Mas voltou a ligar em seguida para a amiga com quem estava conversando antes de desmaiar. Precisava discutir com ela sobre que roupa poderia usar na festa superchique a que iria naquela noite.

Ainda bem que o celular funcionava ali.

Ah, esquecera de dizer ao namorado que tinha a impressão de ter sido enfiada numa espécie de saco grosso, talvez de silicone, que a esmagava, apertava.

UM SUMIDOURO DE NAMORADAS

aurício segurou um guarda uniformizado que, apressado, passava por ele.

— Onde fica o serviço de segurança? Preciso registrar uma queixa.

— No quarto subsolo, mas acho que não adianta ir até lá agora. Quase todo o nosso pessoal tá aqui no saguão.

— Quem é o chefe de vocês?

— Ele tá lá dentro –, o guarda apontou na direção da jaula. — Mas você não vai poder falar com ele agora. O coitado acabou de ir a nocaute.

— Acontece que a minha namorada sumiu.

— Isso aqui é um sumidouro de namoradas. Mais de vinte desaparecem todo dia. Sabe como é, elas vêm pra cá com uns namorados feiosos. Aí, olham para o lado e veem um cara gato, bonitão. Perdem a cabeça e somem do mapa! Ocorre toda hora!

— Patricinha não é dessas! –, reagiu Maurício.

O agente sacudiu os ombros.

— Então vá ao quarto subsolo...

E foi juntar-se aos seus colegas que estavam reunidos na porta da jaula. Havia cerca de vinte guardas uniformizados ali.

Depois de ter dito umas cinco ou seis frases em voz baixa, o mais alto dos agentes comandou:

– Vamos nessa, pessoal. Já!

Um por um, os agentes entraram na jaula.

A plateia explodiu em aplausos.

Correndo, os homens se espalharam em círculo ao redor da cobra.

No centro da jaula, imóvel, Brasiliana fuzilou os invasores com um olhar de desprezo.

Maurício resolveu ficar um pouco por ali para ver no que aquilo ia dar.

A POSSIBILIDADE DE UM VEXAME TOTAL

Brasiliana preparava-se para abocanhar, em grande estilo, o chefe da segurança do shopping. Tinha ficado tão furiosa com a "gravata" que recebera de El Tigre que resolvera engoli-lo de qualquer maneira. Mas, como toda serpente, era muito racional, fria e calculista. Precisava pesar bem os prós e os contras daquela sua decisão: "Se comer esse gordão, que deve ter um milhão de calorias, poderei passar mais de um mês jiboiando, numa boa".

Brasiliana tinha um fraco por seres humanos rechonchudos: os gordinhos são macios para engolir, deslizam melhor pelas paredes do estômago, mas, em compensação, a digestão deles é bem mais demorada.

Observando o sujeito que quase a matara por estrangulamento, ela matutava: "Esse cara não tem jeito de ser fofinho. Muito pelo contrário, é forçudo e socado. Deve ter a carne muito dura, mas possui uma vantagem: se eu o engulo, ele certamente vai empurrar pra baixo a magricela entalada na minha garganta".

Mas, como era uma cobra muito cautelosa, Brasiliana continuou a meditar: "Não, não vai ser fácil comer um indivíduo com essa barrigona. E eu ficarei numa situação ainda mais constrangedora se, depois de abocanhá-lo, não conseguir engoli-lo. Será um vexame total!".

PIRRALHO, VOCÊ É UM GÊNIO!

s reflexões de Brasiliana foram interrompidas pela entrada dos homens do serviço de segurança do NTSC na jaula.

A serpente mirou os guardas com um olhar de pouco caso. Sentia-se muito confiante depois de ter posto a nocaute o índio barrigudo.

Acontece porém que, naquela rápida conversa à porta da jaula, os agentes da segurança haviam estabelecido uma estratégia.

– Ao ataque! – berrou um deles.

Imediatamente, todos os homens, ao mesmo tempo, caíram sobre a sucuriguaçu e a imobilizaram. Dois a seguraram pelo pescoço, quatro pela cauda o os outros se espalharam ao longo do corpo.

Brasiliana lamentou-se: "É nisso que dá pensar demais. Eu devia ter comido o gorducho logo".

Calmamente, lentamente, a serpente começou a contrair seus poderosos músculos. Pretendia dar uma grande rabanada, a fim de se livrar de todos aqueles sujeitinhos.

Em meio a esse movimento, ela viu ressurgir o menino, o diabinho ruivo: "O que é que esse danado vai me apresentar agora?".

Tonico trazia nas mãos um objeto que a cobra desconhecia. Brasiliana entrou em pânico: "O negócio que esse pivete tem nas mãos deve ser uma arma!".

Quando Tonico se aproximou da cabeça da cobra, um dos agentes berrou:

– O que é que você quer aqui, fedelho? Ser comido?

Tonico sorriu em resposta.

A verdade é que raramente um menino tem a chance de fazer uma arte na frente de adultos. E ele estava tendo uma oportunidade única, porque aqueles vinte homens tinham as mãos ocupadas.

Tonico pôs no chão o objeto metálico que Brasiliana pensara ser uma arma. Mas era uma bomba de encher pneu de bicicleta, que ele havia apanhado numa loja de artigos esportivos. Era de um modelo novo, sofisticado, desses que a gente aciona com o pé. Rapidamente, o garoto enfiou pela boca da cobra o cano de plástico que conduzia o ar até o pneu e, em seguida, passou a pressionar o pedal da bomba.

– O que é que você tá fazendo, trombadinha? – perguntou outro agente. – Pensa que a cobra é de borracha? Pretende encher ela de ar?

– Não – respondeu Tonico, sem parar de movimentar o pé. – Eu tô é mandando ar pra pessoa que tá dentro da cobra.

Aí, a ficha caiu no cérebro do segurança:

– Pirralho, você é um gênio!

A CHICOTADA DEU CHABU

Furiosa, com os olhos faiscando de indignação, louca para se ver livre do cano que lhe fora enfiado goela abaixo, Brasiliana decidiu agir. Concentrou-se mentalmente para reunir todas as forças que ainda lhe restavam. Pretendia fazer com aqueles homens o mesmo que fizera com o gorducho.

De repente, a cobra sorriu. Ninguém percebeu, mas a verdade é que um rápido sorriso correu pelos lábios estreitíssimos de Brasiliana. Foi quando ela imaginou o que aconteceria a seguir: seu corpo se desdobraria como um chicote acionado por um cocheiro de carruagem, e os guardas sairiam voando em todas as direções.

Então, subitamente, a gigantesca sucuri permitiu que a força acumulada nos seus anéis explodisse ao longo de seu corpo imenso. Porém, nada aconteceu.

A chicotada deu chabu!

Simplesmente, o corpo da cobra não se moveu um só milímetro. Ela não se libertou de um só guarda. Nenhum homem movimentou um só pé.

Ora, nada aconteceu porque, ao pressentir o golpe de Brasiliana, os homens haviam firmado os pés no chão.

Aplaudido pela plateia, Tonico pedalava a bomba de ar.

– Garoto, vê se não vai explodir a pobre da cobra! – gritou alguém.

AQUI ESTÁ O MAIOR AUÊ

aurício deixou a posição privilegiada que ocupava, de cara encostada nas grades da jaula, e desceu correndo a escada entre os elevadores.

Logo chegou à sala da segurança do NTSC, no quarto subsolo. Estava com a mão levantada diante da porta fechada, pronto para bater, quando seu celular soou novamente.

– Maurício?

– Sim, sou eu.

– Claro que sei que é você, seu tonto! Negócio seguinte: há coisa de um minuto, senti um alívio. Começou a entrar um arzinho fresco aqui onde estou. É como um sopro, entende?

– Compreendo. Um sopro de ar.

– Isso mesmo. Diga isso ao pessoal da segurança. Esse detalhe pode ajudar na minha localização e no meu salvamento.

– Boa dica. Vou falar agora com eles.

– Vai falar? Ainda não falou com eles, seu lerdo?

– Não deu, Patricinha. Aqui no shopping está o maior auê. O pessoal da segurança atacou a cobra gigante que engoliu uma pessoa.

– Para de pagar mico, Maurício! Onde já se viu cobra engolir gente? Procura os caras da segurança! Tenho que fazer logo as compras. E ainda vou precisar dar uma passada no cabeleireiro. Você esqueceu que eu tenho uma festa hoje à noite?

– Não, não esqueci.

– Mas parece – disse Patrícia, e desligou.

Então a cobra é mesmo de mentirinha

Maurício guardou o celular no bolso da calça. Era amarrado na namorada, mas achava que ela tinha um grande defeito: falava ligeiro demais, mudando de um assunto a outro. Aí, ele ficava meio zonzo.

Respirou fundo e bateu na porta.

– Entre! – berrou uma voz esganiçada.

Maurício empurrou a porta e entrou. A peça era ampla. Ao fundo, sentado, um rapaz magricelo, com uma longa cabeleira amarrada num rabo de cavalo, tinha o rosto voltado para os monitores de televisão suspensos numa parede. Maurício caminhou até ele.

– Boa tarde!

– A tarde não tá boa nem ruim. Só tá muito mais movimentada do que o normal.

Como não esperava uma resposta complicada como aquela, Maurício teve que pensar um pouco até entendê-la. Ele achava que quando uma pessoa dá "boa tarde" tem que receber de volta apenas "boa tarde".

– Movimentada? Sim, eu sei. Tem um rolo lá no saguão.

– Um rolo fantástico, que eu tô acompanhando pelos monitores. Olhe só que tremenda cobra!

– Essa cobra pertence a que espécie?

– É uma sucuriguaçu, a maior cobra das Américas. É capaz de comer, de uma sentada, uma vaca gorda.

– E aquele menino, o que é que ele tá fazendo lá?

– Parece que bombeia ar pra dentro da cobra.

– Ah, então a cobra é mesmo de mentirinha – Maurício sorriu. – Ele tá enchendo ela de ar, é?

Sobrancelhas enrugadas, o cabeludo voltou-se intrigado para Maurício.

– Você tá de brincadeirinha comigo?

– Não! Não! Eu vim aqui pra registrar uma queixa...

– Hoje não é um bom dia pra registrar queixas. O chefe e todos os outros caras estão na jaula. Só fiquei eu aqui, controlando os monitores.

UM VENTINHO FRESCO

Imaginando a bronca que levaria de Patrícia caso não conseguisse registrar a queixa, Maurício abriu um sorriso e tentou conquistar a simpatia do cabeludo.

– O seu trabalho deve ser maravilhoso! Aposto que você descobre muitos roubos por esses monitores?

Fingindo-se modesto, o rapaz respondeu:

– Não muitos. De vez em quando tem um.

– Aí, você aciona os agentes e eles pegam os gatunos.

– Acionar, eu aciono, mas eles quase nunca pegam os ladrões. Os agentes são parrudos e lerdos, e os ladrões são magrinhos e rápidos...

Sempre com os olhos fixos nos televisores, o cabeludo abriu um caderno grosso e se preparou para escrever nele.

– Vou quebrar o seu galho, vou registrar a queixa. Desembuche!

– Minha namorada sumiu.

O rapaz soltou a caneta sobre o livro aberto.

– Isso é queixa que se faça? Todo dia somem aqui dezenas de namoradas. Elas vêm com o otário que paga a entrada do cinema e o lanche. Depois elas somem na paisagem.

– Não é o caso. A mesada que Patricinha recebe do pai dela dá pra comprar o cinema inteiro e mais todas as lanchonetes da praça de alimentação. O que aconteceu foi que ela simplesmente sumiu. Mas me ligou. E disse que tá presa num lugar silencioso, escuro, úmido e abafado.

– Abafado?

– Sim, mas faz pouco começou a entrar um ventinho fresco por lá.

O funcionário da segurança lançou um rápido olhar desconfiado a Maurício, suspirou fundo e voltou a observar os monitores.

– Você veio aqui pra se divertir com a minha cara? É isso?

– Não! De jeito nenhum. A coisa é séria. Patricinha não é uma menina que simplesmente veio ver um filme e deu no pé. Não! Ela desapareceu mesmo!

CINTURA BEM FININHA

Impressionado com a angústia verdadeira que transparecia nas palavras de Maurício, o cabeludo apanhou de novo a caneta.

– Qual é o nome completo dela?
– Patrícia Samantha Bulhões do Monte Verde.
– Idade?
– 15.
– Bem, nessa idade é mais raro. As garotas que mais somem são as que têm entre 12 e 13 anos... Vamos, me conte direitinho como foi que sua namorada evaporou.
– Bem, eu saí do elevador, parei e dei uma olhada no saguão. Ela deveria ter saído depois de mim, mas quando me virei para trás, não vi nem sinal dela.
– Em que elevador vocês estavam? – perguntou o rapaz, encarando fixamente Maurício.

O dono da Ferrari ergueu o braço e apontou para o monitor mais próximo.

– Naquele!

O dono do rabo de cavalo levantou-se da cadeira com um pulo.

– O elevador que fica bem ao lado da jaula?
– Positivo. Foi nele que Patricinha tomou chá de sumiço.

Um calafrio sacudiu o cabeludo, incluindo o rabo de cavalo.

– Acho que a sua namorada foi engolida pela cobra!

Segurando a cabeça com as mãos, Maurício desabou numa cadeira.

– A cobra engoliu mesmo alguém?

– Claro, claro! Olhe no monitor. Vê aquela parte mais inchada? Olhe as curvas do corpo engolido! Não parece que é mesmo uma garota que tá ali dentro?

– Credo! Deve ser a Patricinha! Ela tem a cintura bem fininha...

A PROPAGANDA É A ALMA DO NEGÓCIO

entro da jaula, os agentes continuavam a segurar a serpente. Haviam combinado o ataque, mas não o que fazer depois, quando o animal já estivesse dominado.

Suados e ofegantes, eles gritavam, todos ao mesmo tempo, ordens que ninguém cumpria.

As pessoas que cercavam a jaula começaram a achar aquilo engraçado.

– E agora, o que vocês vão fazer? – perguntou um debochado. – Vão guardar a cobra numa caixa de sapatos?

A plateia gargalhou.

De repente, El Tigre se movimentou. Ergueu o tronco e sentou-se. Depois, vagarosamente, com a ajuda da grade, se levantou. Ficou de pé, mas ainda vacilando, zonzo por causa dos golpes que recebera.

Nesse momento, Bob Smith entrou cambaleando na jaula. Não se recuperara totalmente do soco do chefe do serviço de segurança. Com os punhos cerrados e os braços em postura de boxeador, ele gritou aos homens que seguravam Brasiliana:

– *Soltar minhocobra!* Eu *vai* processar vocês *todas*. Pedir *indenizeixion* por danos à *minhocobra*. Um milhão de dólares.

– Bota o gringo bêbado pra fora da jaula! – gritou alguém da plateia.

– Eu não *bebe*! – respondeu Bob. – Eu *bestêmio*!

– O senhor é muito besta, isso sim! – berrou El Tigre e deu um empurrão no americano. – Ponha-se daqui pra fora!

Bob fincou pé:

– Daqui só saio *morrido*! Soltar *minhocobra*!

Os dois homens, o loiro alto e o moreno baixote, estavam em pose de luta no centro da jaula.

El Tigre analisou o grandalhão. Pensou assim: "Se estivesse inteiro, eu acabaria com ele com um só tapa. Mas, como estou meio tonto, vou ganhar dele no papo".

– Seu gringo, o senhor já percebeu que o que tá acontecendo aqui vai funcionar como propaganda?

– *Propogando*? Como?

– Amanhã sua cobra será famosa no mundo todo. A notícia de que ela engoliu uma pessoa num centro comercial vai correr o planeta. O senhor também ficará famoso.

– Isso *non* importa! Eu quero *minhocobra* livre agora. Homens *tirar* mãos *sujos* de Brasiliana.

– A propaganda é a alma do negócio – continuou El Tigre. – Depois que o senhor e sua cobra desfilarem pelos telejornais de todo o mundo, o valor do bicho será multiplicado por cem. O senhor ficará famoso e também rico.

Essa última frase atingiu o centro do alvo. O americano piscou os olhos e abaixou os braços:

– Rico? Bom... Multiplicar *cento* vezes valor *minhocobra*, é?

– Ou mais até, duzentas vezes.

– Oh!

COSQUINHA NO SOVACO

Aproveitando que o americano ficara ainda mais atordoado por causa daquela frase certeira, El Tigre o empurrou de leve em direção à porta da jaula.

– Agora saia por uns minutinhos. Eu vou fazer a cobra devolver a moça.

– O senhor não vai picotar *minhocobra* com seu *conivete*?

– Claro que não. Fique tranquilo.

O cérebro de Bob Smith girava em alta velocidade. Aquele baixinho barrigudão tinha razão. Sim, famosa, Brasiliana valeria muito mais. Duzentas vezes mais. Trezentas.

O americano saiu da jaula mas agarrou-se à grade pelo lado de fora. Moedas tilintavam sem cessar no seu cérebro.

El Tigre aproximou-se da cobra.

– Calma, bichinho. Eu não vou machucar você.

Sem pode reagir, Brasiliana só conseguiu mostrar a língua ao antigo lutador.

O chefe da segurança passou de leve a mão sobre a pele lisa e fria da cabeça da serpente, como se estivesse acarinhando um cachorrinho de estimação. Depois, discretamente, pelo canto dos olhos, observou a parte mais grossa de Brasiliana. Sim, sem dúvida, aquele era o contorno de um corpo feminino.

De repente, com um gesto muito rápido, o rei da marmelada enfiou com força seu dedo indicador na altura do que ele calculava ser o sovaco da pessoa engolida.

Dentro da cobra, Patrícia deu um pulo que pôde ser sentido pelos agentes e visto pelas pessoas que estavam com a cara colada na grade.

Um surdo grito de espanto correu pelo saguão:

– Uaaauuuuuuuu!

– É menina, e tá viva! – anunciou El Tigre em voz alta. – Garota nenhuma resiste a uma cosquinha no sovaco.

UMA BALEIA
NO AQUÁRIO

inda sentado na sala da segurança, sacudido por tremores e arrepios, Maurício movia a cabeça de um lado a outro.

Não, não, não. Ele não podia acreditar que sua querida Patricinha estava na barriga daquela cobra asquerosa. A pobrezinha devia estar se sentindo muito mal lá dentro, apertada, sufocada. Sem poder apanhar espelho e batom na bolsa para retocar a maquiagem. Sem poder ajeitar o penteado. Sim, ela devia estar muito angustiada.

Pegou o celular que tocava mais uma vez.

– E, aí, Maurício, qual é a novidade?

– Patricinha, é você?

– Não, é o meu fantasma! Morri e tô falando agora na condição de alma penada.

– O quê? – berrou o rapaz, alarmado.

– Esquece. Brincadeirinha. Você já falou com o pessoal da segurança?

– Já.

– Descobriu onde eu tô?

– Sim.

– Onde? No esgoto?

– Não. Pior que isso.

– Pior? Não brinca comigo, Maurício!

– Você tá dentro de uma cobra.

– O quê? – o berro de Patrícia fez tremer o celular na mão do rapaz. – Você resolveu virar piadista?

– Não, fofurinha. Você foi mesmo engolida por uma tremenda cobra.

– Você bebeu cerveja, Maurício? Lembra do seu apelido no colégio? Meia-lata? Você não resiste a meia latinha de cerveja sem ficar totalmente abobalhado! Você biritou, foi?

– Nem água, Patricinha.

– Ai!

– O que foi, amor?

– Cutucaram meu sovaco. Eu sinto cócegas demais da conta.

– O cara que meteu o dedo no seu sovaco se chama El Tigre.

– Tigre o quê? Que história é essa, Maurício? Você ficou completamente maluco?

– Patricinha, ouça o que eu vou lhe dizer. Mas não fique me interrompendo... Eu tô vendo você pelo sistema de televisão do shopping. Quero dizer, vejo só o contorno do seu corpo, por baixo da pele da cobra. El Tigre é o apelido do chefe da segurança do shopping. Eu vi quando ele cutucou a cobra, quero dizer, quando ele cutucou você.

– Maurício, você tem certeza de que não tá vendo um filme americano idiota em três dimensões? Sei lá, de repente, você se envolveu demais com o filme e...

– Patricinha, aqui do meu lado tá o rapaz que vigia o sistema interno de TV. Ele vê no monitor as mesmas coisas que eu. Se você quiser, eu peço pra ele falar...

Maurício escutou o suspiro demorado de sua namorada. Ela sempre suspirava profundamente quando perdia a paciência.

– Bem, digamos que seja verdade o que você tá dizendo. Digamos que eu tenha sido engolida por um animal... Uma baleia, por exemplo. Uma baleia seria um bicho mais aceitável. Afinal, uma delas engoliu Jonas. Sim, a baleia nadava serenamente no aquário do shopping quando me viu. Aí, não resistiu ao meu charme e me engoliu...

Sem entender nada, porque nunca ouvira falar da história de Jonas, Maurício preocupou-se.

– Patricinha, você tá bem da cabeça?

– Mais ou menos. Saia do cinema e venha me socorrer.

COMER FEIJÃO PRA FICAR FORTE

El Tigre aproximou o rosto da cabeça da sucuriguaçu. De olhos fechados, a serpente parecia dormir. No alto da testa, se é que cobra tem testa, ela exibia um calombo.

– Que baita galo! – exclamou o chefe da segurança. – É do tamanho de um ovo de avestruz.

– Fui eu que consegui esse calombo pra ela – exibiu-se Tonico, que continuava a acionar a bomba de ar. – Dei uma patinada no meio dos olhos dela.

El Tigre olhou para o canto da jaula, para onde o menino apontava, e viu um patim caído no chão.

Segura por quarenta braços, de olhos cerrados, Brasiliana mantinha-se imóvel. Mas, por dentro, fervia de brabeza. Se pudesse, comeria todos aqueles sujeitos que a agarravam.

– Engraçado – comentou El Tigre –, me disseram que esse bicho vive com a língua de fora pra assustar as pessoas.

– Vive de língua de fora, sim – concordou Tonico. – Mas se mostrar a língua perto de mim perde um pedaço na hora.

O menino apanhou no bolso lateral da sua bermuda um cortador de unhas e o exibiu para El Tigre.

– Acho que esta cobra tá desacordada – murmurou o chefe da segurança.

Brasiliana respirava suavemente para reforçar a impressão de que estava desmaiada, mas seu cérebro fervilhava: "Tenho que achar uma saída para essa situação constrangedora. Nunca antes fui tão humilhada. Sou um dos bichos mais temidos da floresta, sou uma verdadeira fera. Mas presa por esse bando de guardas e com um canudinho de plástico enfiado no gogó eu me sinto como uma mera cobra d'água".

Decidida a reagir mais uma vez, a serpente entreabriu ligeiramente os olhos. Viu na sua frente a cara larga do índio barrigudo que havia nocauteado um pouco antes. Que, felizmente, era um só e não dois, como havia imaginado.

El Tigre estava parado, com a mão no queixo, pensativo, bolando um jeito de fazer com que a cobra devolvesse a garota que engolira.

Depois os olhos da cobra se moveram para o garoto sardento: "Menino mil vezes diabólico! Primeiro me jogou uma bota de ferro na testa. Depois quase me mata com uma cabeçada. E agora me enfiou esse canudo incômodo na boca. Capetinha, se pudesse, eu engoliria você, apesar dessas suas sardas enferrujadas".

Pedalando a bomba, Tonico mantinha a atenção centrada em Brasiliana. Ao perceber que ela havia aberto uma pequena fresta entre as pálpebras, o garoto comentou, ameaçador:

– Toma jeito, minhoquinha!

Brasiliana não suportou aquilo. Explodiu de raiva.

Shiiiiiiiii!

E deu uma nova rabanada, ainda mais forte, mas só conseguiu se livrar de três dos vinte homens que a seguravam.

– Cobrinha de meia tigela! – berrou alguém da plateia.

– Tem que comer feijão pra ficar forte! – gritou uma menina de três anos.

Mais que depressa, a serpente tornou a fechar os olhos, envergonhada: "É muita humilhação!".

POVO BESTA!

Um homenzinho entrou na jaula. Baixo e magro, entalado num terno preto, ele exibia uma cara feiosa que tinha dois pontos de atração: um narigão imenso e um bigodinho tão estreito e ralo que parecia ter sido riscado a lápis.

Parou ao lado de Tonico, levantou os braços e, encarando os guardas, berrou:

– Em nome da lei, parem com essa tortura, imediatamente! Sou o advogado da Sociedade Protetora dos Animais. O que tá sendo feito com este pobre bichinho é uma infâmia. Larguem-no!

– O senhor, por acaso, além de advogado, é também doido? – perguntou El Tigre. – Não viu que a cobra é muito brava?

– Bravo ou molenga, venenoso ou não, todo ofídio tem direito à liberdade. Em nome da lei, soltem-no!

– O senhor não tá falando sério, tá? – insistiu o chefe da segurança do shopping.

O baixinho pescou no bolso do paletó um documento que exibiu rapidamente.

– Esta é a minha carteira da Ordem dos Advogados do Brasil. Se não soltarem a cobra imediatamente, os senhores todos serão processados. Em nome da lei, eu exigirei uma indenização milionária!

– Se soltarmos a cobra, ela vai se livrar da bomba de ar – disse Tonico.

– E daí? – questionou o advogado.

– A pessoa que tá dentro dela morrerá sufocada.

– Esse não é um problema meu –, o homenzinho sacudiu vigorosamente a cabeça. – Esse é um problema do advogado de quem foi tragado pela serpente. Eu só defendo animais. Em nome da lei, liberem a serpente!

Percebendo que seus homens, intimidados pela expressão "em nome da lei", estavam dispostos a soltar a cobra, El Tigre resolveu ceder. Pegou Tonico pelo braço e o arrastou, junto com bomba de ar, até a porta da jaula. De lá, comandou:

– Homens, soltem o bicho! E corram!

A um só tempo, todos os agentes de segurança libertaram a serpente. E chisparam para fora da jaula.

Sentindo-se livre, Brasiliana deu uma rabanada tremenda, que fez voar o advogado, o único que ainda permanecia na jaula. O defensor dos animais subiu uns dois metros e meio e depois desceu, de testa, no piso de granito.

Brasiliana arreganhou sua grande boca desdentada e exibiu a comprida língua bifurcada. Depois, deslizando suavemente, aproximou-se do advogado. Não olhava para ele, encarava os que estavam em torno da jaula.

Se soubesse falar, a cobra teria dito:

– Vejam o que eu vou fazer com este sujeito. É pequeno e magrelo, puro osso, mas, mesmo assim, vou comê-lo só pra dar um exemplo pra vocês, povo besta!

Diante de centenas de olhares arregalados, a sucuriguaçu deu uma primeira bocada e engoliu a cabeça do advogado e mais o peito. Em seguida, rabaneou e engoliu quase todo o resto do homem. Só os pés dele ficaram de fora, chutando desesperados.

AQUI DENTRO É MUITO APERTADO

celular de Maurício voltou a tocar.

— Você tá onde, agora?

— Na beira da jaula da cobra, Patricinha.

— Você disse antes que dá pra me ver dentro da cobra. É verdade?

— Sim. Dá pra ver o seu contorno direitinho.

— E eu tô bem? Não tô parecendo gorda demais?

— Que nada! Você tá legal. A cobra é que tá tiririca da vida.

— Bem, ela ficou quieta um tempão, mas de repente parou de entrar aquele jatinho de vento. Depois, ela voltou a se mexer de novo, com força. O engraçado é que, quando ela sacolejou, eu acho que cheguei a ver um pouquinho de luz.

— Deve ter sido quando abriu a boca pra engolir o baixinho.

— Ela engoliu outra pessoa?

— Um advogado. Só ficaram de fora os pés dele.

— Como era esse advogado? Era elegante ou malvestido?

— Não sei dizer.

— Ele usava terno, Maurício?

— Acho que sim.

– Era terno bem cortado? Era um Giorgio Armani ou um Ermenegildo Zegna?

– Não manjo, Patricinha. Só me amarro em camiseta de manga curta.

– Essa cobra deve ser louca. Aqui dentro é muito apertado. Alguém precisa dizer pra ela que não cabe outra pessoa aqui... Êpa! Maurício, eu acho que ouvi alguém gritando. Era um grito bem fraquinho...

– E o que dizia a tal pessoa?

– "Em nome da lei, em nome da lei!"

AQUILO NÃO PARECIA PERIGOSO

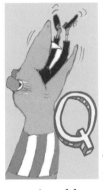

Quando Brasiliana se preparava para engolir o restinho do advogado, uma garota entrou na jaula.

Aos 11 anos, Janaína Oliveira Cunha media um metro e setenta e cinco e pesava quarenta e nove quilos, mas não tinha a intenção de ser modelo internacional. Pretendia ser, quando adulta, apresentadora de um programa de televisão sobre animais selvagens.

Era uma menina muito corajosa. Segura de si, porque era muito alta, ela não tinha medo nem mesmo de meninos. Na escola, quando preciso, trocava cotoveladas até com os marmanjos mais reforçados.

Janaína entrou na jaula decidida a salvar aquele pobre homenzinho narigudo.

Intrigada, Brasiliana fixou seus olhos brilhantes na garota: "Basta de meninas magras por hoje! Já engoli uma. Duas seria um exagero".

A plateia estava com a respiração suspensa. Quem seria aquela garota? O que ela pretendia fazer?

Brasiliana estava praticamente imobilizada. Com quase todo o advogado já engolido, não era fácil para ela movimentar-se.

– Solte o homem! – exigiu a menina. – Senão, eu vou dar um jato de perfume na sua cara.

A sucuri gigante percebia a intenção das pessoas pela entonação da voz. Sabia diferenciar uma frase carinhosa de uma ameaçadora. Assim, compreendeu logo que a garota magricela e espichada estava a ameaçá-la com algo que tinha na mão.

A cobra fixou o olhar no objeto que a garota segurava. Era pequeno, cilíndrico. Brasiliana raciocinou: "Não, esse troço não deve ser perigoso. Parece igual àquele negócio que meu dono usa para se livrar dos mosquitos na floresta. Portanto, essa criaturinha está tentando me intimidar. Quer me fazer de boba diante de toda essa gente. Mas vai se dar mal, porque, depois de engolir esse sujeitinho, vou ver se arranjo espaço pra ela na minha barriga".

OS RIDÍCULOS SONS QUE SAEM DAS GARGANTAS HUMANAS

anaína chacoalhou bem o tubo e explicou com voz suave:

— Este aqui é um spray pra perfumar automóveis que o meu pai acabou de comprar. Esse negócio é mais do que enjoativo! Quando meu pai bota um jato dentro do nosso carro, até os urubus que estão no alto do céu se afastam, enojados.

A sucuriguaçu desconfiava de pessoas de fala mansa, porque sabia que elas eram justamente as mais bravas e decididas.

— O cheiro disso aqui é um nojo, dona cobra. Eu não gostaria de dar um jato na senhora, mas, se não devolver o advogado, vou ser obrigada a...

Então Janaína ouviu uma voz bem fraquinha, que parecia sair da boca da cobra:

— Não! Pelo amor de Deus! Spray de automóvel, não!

A garota aproximou o rosto da cabeça de Brasiliana e escutou o advogado dizer:

— Uma vez coloquei no meu carro e, depois, tive que jogar fora os bancos. Prefiro ser engolido pela cobra!

Ao perceber que palavras humanas estavam saindo de sua boca, a cobra ficou uma arara de tão furiosa: "Que direito tem esse sujeitinho de falar, se já está engolido? E se essas pessoas ao redor da jaula confundirem a voz dele com a minha? Vou morrer de vergonha. Cobras silvam, sibilam, chiam, assobiam, sacodem chocalhos, badalam guizos e roncam. Seria um vexame para uma serpente elegante como eu emitir os ridículos sons que saem das gargantas humanas".

Vendo que Brasiliana não se decidia a cuspir o advogado, Janaína cumpriu sua ameaça. Apertou a cabeça do tubo e um jato de vapor expandiu-se pelo ar.

EU PROCESSO VOCÊ, MENINA MÁ!

 ra um cheiro adocicado, sufocante, nauseabundo. A sucuri quis afastar a cabeça mas não pôde: estava entalada com duas pessoas, uma na boca e outra no papo.

A garota manteve o jato sempre forte.

Logo o "perfume" fez efeito. A serpente sentiu que seu estômago começou a dar cambalhotas, uma atrás da outra, uma mais vigorosa que a outra.

Mais uma vez, o cérebro de Brasiliana foi agitado por uma dúvida: "Cuspo esse baixinho ou não?".

E logo achou uma resposta: "Não, não vou me livrar desse baixinho narigudo! Sou uma cobra cabeça dura. O que eu comi está comido. Na minha já longa vida, eu só devolvi um bicho até hoje: um porco-espinho, que engoli por engano".

Mais uma vez escutou-se, vinda do interior da serpente, a voz do advogado:

— Não faça isso com a pobre cobrinha, menina má! Quando sair dessa encrenca, eu processo você por maltratar um animal indefeso.

— Não posso ser processada – respondeu Janaína, e apertou mais forte o ejetor do perfume. – Sou menor de idade.

— Processo seus pais!

Determinada, Janaína não quis nem saber de papo. Como estava decidida a salvar o advogado, mesmo contra a vontade dele, continuou pressionando o spray.

ÓDIO PELA PALAVRA "MONEY"

anaína pretendia descarregar todo o "perfume" na cara da serpente, mas não conseguiu. De repente, uma mão grandona, coberta de pelos amarelados, veio por trás dela e lhe arrancou o tubo de spray.

A menina virou-se e deu de cara com um homem altíssimo.

– *Chegar*! Você vai matar *minhocobra* com *essa* fedor!

Era Bob Smith. E ele falava a verdade: Brasiliana estava passando muito mal. Violentos espasmos de náusea sacudiam a cobra, do inchaço na testa à pontinha da cauda.

Todos os que estavam dentro e fora da jaula observavam penalizados o crescente mal-estar da serpente.

Então, de repente, como alguém que sopra com força uma semente de melancia, a sucuri cuspiu o advogado.

O homenzinho caiu de pé, exibindo na mão sua carteira profissional:

– Eu queria morrer engolido pela cobra! Eu queria ser um mártir da luta em defesa dos animais!

– *Minhocobra* valiosa, meu amor! – disse Bob Smith e agarrou-se à cabeça da sucuriguaçu. – *Meu* querida, agora ninguém *fazerá* mal contra você. Papai Bob vai ser mais *cuidardoso* de você.

A cobra afastou o máximo que pôde a cabeça para o lado. Não suportava o bafo do dono. Todo dia, ao acordar, Bob comia duas cebolas cruas e cinco cabeças de alho. Era o santo remédio que ele usava para evitar doenças tropicais. Naquele dia, porém, o americano não fedia tanto. Ou seja, o cheiro do perfume para automóveis ainda era tão forte dentro da jaula que a catinga de Bob simplesmente havia sumido.

– Agora, *minhocobra* descansar vai um pouco – disse Bob em voz baixa, abraçando carinhosamente Brasiliana. – Depois, começar *show*. Vamos fazer muito *money*.

Enojada, a cobra botou três palmos de língua para fora da boca. Odiava a palavra *money*. Uma coisa má brilhava nos olhos de Bob quando ele a pronunciava. E o pior é que seu dono falava aquela palavra o tempo todo. *Money. Money. Money.*

MANGUEIRA ENROSCADA NUM CANTO DE JARDIM

Brasiliana não se sentia amada por Bob. Se lotasse ou não os shoppings, recebia dele sempre o mesmo pagamento: um bezerro magro por quinzena.

Por isso, vivia sempre com fome. Aliás, estava tão esfomeada naquela tarde que se animara a engolir até mesmo uma garota magricela e um sujeito que tinha um bigodinho ridículo.

– *Minhocobra* ser comportadinha. Vai mostrar sua *linguaruda* pras pessoas. Vai fazer cara *malvado*. Povo gosta cobra *mau*.

Enquanto Bob sussurrava, o cérebro da serpente funcionava a mil: "Preciso comer alguém bem grande pra empurrar a garota pro fundo do meu estômago. Meu dono é supergrandalhão. E está distraído, dando bobeira. Vou comê-lo! Não, não, não! Ele fede a alho e cebola. E eu odeio temperos! Mas, como a garota jogou aquele negócio fedorento no meu nariz, eu perdi totalmente o olfato e o paladar. Ora, se perdi o olfato e o paladar, posso comer até mesmo meu dono".

As sucuris têm o pensamento muito claro e rápido. Quando chegam a uma conclusão, não demoram a executá-la.

Brasiliana encolheu-se rapidamente. Ficou como uma mangueira enroscada num canto de jardim. Depois, num só golpe, desenroscou-se. Veio já de boca aberta. Apanhou o americano pelas pernas compridas e o sacudiu bastante, até que ele ficasse no jeito. Então, deu a primeira bocada, que foi até a cintura. Deu mais outra, e chegou aos sovacos.

Espantado, Bob não disse nem água nem sal. Ficou de boca aberta, a cabeça e os braços compridos para fora da boca da cobra, os olhos esbugalhados.

Brasiliana preparou-se então para dar a terceira e derradeira bocada.

É MUITO MICO!

Quando a cobra deu a primeira bocada em Bob, Tonico tomou a vassoura de um funcionário da limpeza do shopping que estava perto da porta da jaula. E imediatamente entrou na jaula, correndo e gritando:

– Segure essa vassoura, seu gringo! Ela vai impedir que o senhor seja engolido pela cobra.

O menino sardento colocou a vassoura nas mãos do americano, que gemia:

– *Help! Minhocobra doideceu.*

Aquela manobra salvou Bob. Quando segurou com as duas mãos afastadas o cabo da vassoura, o americano impediu a serpente de engoli-lo. A vassoura funcionou como uma trava.

Ao perceber que não poderia tragar o próprio dono, Brasiliana ficou deprimida: "Que vergonha! Aqui estou eu de boca aberta, como uma idiota, com a cabeça do gringo exposta. É muito vexame. É muito mico!".

Já com o queixo firmemente apoiado na vassoura, Bob perguntava:

– Como *minhocobra poder* comer eu? *Minhocobra* odeia *meu* catinga!

DENTINHO DE LEITE

oi então que El Tigre e cinco de seus auxiliares – os mais parrudos! – reentraram na jaula. Pernas afastadas, punhos cerrados, em posição de combate, o ex-lutador parou a poucos metros da cabeça erguida da serpente. Por trás dele, apertados uns contra os outros, parecendo amedrontados, reuniram-se os grandalhões. Nenhum deles pesava menos de cem quilos.

A cobra girou a cabeça lentamente porque Bob, que era muito comprido, atrapalhava seus movimentos.

Brasiliana passou os olhos pelos ajudantes de El Tigre e notou que estavam apavorados: "São uns medrosos. Mas, mesmo assim, se mostro fraqueza, eles não hesitarão em me atacar. Eu poderia cuspir Bob Smith a fim de ficar em melhores condições de enfrentar esses patetas. Mas não, não. Eu vou ficar com o americano na boca porque sou uma cobra abusada. Eu gosto de confusão".

Sempre devagar, a serpente moveu-se de modo a ficar cara a cara com o baixote barrigudo.

El Tigre estava sorrindo.

Preocupada, Brasiliana arregalou os olhos: "Boa coisa não vem por aí. Esse índio está com cara de quem vai fazer uma patifaria".

Então, em voz alta, o chefe da segurança contou:
– Um, dois, três e... já!

Num só movimento, os cinco homenzarrões correram. Três pelo lado direito da cobra, dois pelo esquerdo.

Pega de surpresa, Brasiliana não soube o que fazer.

Os sujeitos correram até a cauda da serpente. Chegando lá, todos, ao mesmo tempo, deram um salto. Subiram, digamos, um metro e depois caíram, todos ao mesmo tempo, com suas botas pesadas sobre a pontinha da cauda da serpente.

Credo! Foi um golpe sujo e tanto porque, juntos, aqueles caras pesavam mais de meia tonelada.

Que dor! De tão dolorida, a pobre serpente abriu totalmente a boca.

Nesse momento, El Tigre pegou com as duas mãos o cabo da vassoura e puxou Bob para fora.

O americano saiu facilmente. Foi como arrancar um dentinho de leite, frouxo, de uma menina de seis anos.

Reação alucinada da galera. Em delírio, as pessoas urravam e aplaudiam.

Brasiliana chorava em silêncio. Lágrimas frias desciam pelos cantos dos seus olhos.

SAUDADE DA SELVA

A serpente sentia ainda muita dor na cauda, mas o que mais a angustiava era o sentimento de ter sido engambelada: "Banquei a tola! Nunca eu poderia pensar que uns sujeitos com cara de pateta, como esses, seriam capazes de inventar uma manobra tão criativa. E dolorosa! Pular sobre a pontinha da minha cauda foi um golpe desleal. Se houvesse justiça neste país, eles deveriam ser punidos severamente".

Brasiliana piscou para livrar-se rapidamente das lágrimas: "Não, não quero que as pessoas tenham pena de mim. Sou um orgulhoso animal selvagem. Mas a verdade é que estou me sentindo péssima neste momento. Fui enganada várias vezes na frente desse povo todo. O menino sardento me acertou com uma bota na testa, me deu uma senhora cabeçada e depois me enfiou um caninho na boca. A garota espichada quase me intoxicou com um perfume que não poderia ser mais fedorento. O índio gordão quase me manda de volta ao paraíso com um estrangulamento".

A cobra chiou, e seu chio parecia dizer: "Chega, chega, chega!".

De repente, Brasiliana sentiu uma tremenda saudade da selva: "Quero voltar logo para a escuridão silenciosa da Floresta Amazônica. Lá não sofrerei com a luz de tantas lâmpadas, nem com a gritaria de tantas pessoas mal-educadas, e muito menos serei pisoteada por grandalhões fardados".

Os auxiliares de El Tigre se reuniram de novo atrás do chefe, abraçados. Pareciam dispostos a dar outro pisão na sucuri.

Mesmo com o corpo bastante dolorido por ter sido mastigado por sua cobra, Bob fechou os punhos e avançou para os guardas gritando:

– Se vocês *machucar minhocobra*, eu *processar* vocês. *Minhocobra* valer um *dinheirãoma*.

DIGA ANTES O NOME DO MEU PAI

No instante em que Bob acabou sua frase, o telefone de Maurício voltou a soar e trepidar.

O dono da Ferrari levou o aparelho ao ouvido.

– E, aí, cara, como é que é? Você vai me libertar ou não?

– Vou, Patricinha, mas...

– Venha logo! Faz pouco eu vi um sujeitinho com um baita narigão. Ele usava um perfume que era um nojo. Depois, quando ele se foi, a coisa piorou. Dei de cara com um par de sapatos imensos com um furo na sola. Um furo!

– O cara do narigão é advogado...

– Sei disso. Vi a carteira da OAB na mãozinha dele.

– Pois é, ele entrou na jaula mandando os guardas soltarem a cobra. Os caras obedeceram e a cobra acabou engolindo ele.

– Bem feito! Pra ele não ser metido a bobo.

– Mas o perfume que você sentiu não era dele, não. Era aquele cheirinho que eu ponho no meu carro. Uma garota entrou na jaula e despejou um jato de spray...

– Garota? Como era ela? Mais bonita do que eu?

– Era bem mais alta e ainda mais magra.

– Maurício, você não tá dando mole pra essa garota, tá? Olha que eu saio daqui e acabo meu namoro com você.

– Calma, Patricinha. Deixa eu contar o que aconteceu... Como eu dizia, o spray era bem cheiroso, mas a cobra passou mal. E cuspiu o advogado. Depois engoliu seu próprio dono, o cara dos sapatões. É um americano loiro, muito alto...

– Será que ele é um ator de cinema?

– Não deve ser. É feio pra burro... Mas deixa eu contar a história... O americano não foi engolido totalmente. Ele ficou com a cabeça pra fora da boca da cobra. Aí, uns guardas do shopping pisaram no rabo do bicho, que, de tanta dor, abriu a boca. El Tigre puxou o grandalhão pra fora. Agora só falta você.

– E a tal garota que você viu, a do spray, será que ela é modelo?

– Acho que não. Parecia muito garotinha.

– Se não tivesse visto o narigão e depois os sapatões, eu diria que você tá maluco, Maurício Trancoso Tupinambá.

Patrícia só usava o nome e os sobrenomes do namorado quando estava realmente muito irritada.

– Em suma, uma cobra gigante engoliu três pessoas num só dia. E eu sou a azarada, a que ficou para o final. É isso?

– Exatamente.

– Fale com o dono da cobra, Maurício! Diga a ele quem sou eu. Não, antes de dizer meu nome, diga o do meu pai. Informe ao loiro grandalhão que meu pai tem dinheiro suficiente pra comprar um milhão de cobras iguais a essa aqui. E mande ele abrir logo a barriga do bicho. Mas com muito cuidado. Eu tô usando uma bolsa Louis Vuitton que mamãe comprou em Nova York por sete mil e novecentos dólares. Diga a ele também que aqui tá abafadérrimo e que eu não frequento lugares onde não há aparelhos de ar-condicionado. Se ele não se mostrar sensato, ameace! Diga que eu vou processá-lo por causa do meu penteado, que foi destruído dentro dessa cobra. Isso é realmente imperdoável! Minha roupa também deve estar um lixo, amarrotada.

– Legal, vou falar com o cara, Patricinha.

MAIS BRAVA DO QUE VIVA

Bob Smith continuava diante dos guardas do shopping, ameaçando-os com os punhos cerrados e um olhar feroz.

No centro da jaula, com a mão no queixo, El Tigre tentava bolar um novo plano para tirar a menina de dentro da cobra.

Janaína estava fora da cela recebendo uma bronca de seu pai:

— Eu não entendo como você pôde gastar quase todo o meu tubo de spray. Só um pouquinho já bastava.

Tonico corria pelo shopping. De loja em loja, ele tentava descobrir algum objeto que lhe permitisse salvar a pessoa que ainda estava dentro da serpente.

Maurício encheu de ar o largo peito e caminhou lentamente em direção à porta da jaula. Era um sujeito grandão e forte, mas borrava-se de medo de bichos. Tinha pânico de ratos e baratas. Imagine só o que sentiria perto de uma cobra daquele tamanho!

Mas o certo é que, mesmo apavorado, entrou na jaula.

— Quem *ser* você? — Bob Smith voltou-se ameaçador para o rapaz. — O que *querer* de *minhocobra*?

— Calma, chefe! Sou Maurício, namorado da garota que tá dentro do seu bicho.

– Como *saber* que *seu* garota *estar* dentro *minhocobra?*

– Ela mesma me disse. Pelo telefone.

– *Falar* com garota *fone?* – espantou-se Bob.

Maurício mostrou a ele o celular.

– Sim, várias vezes... Mas Patricinha tá cansada de ficar dentro da cobra...

– Mas ela *estar* bem lá?

– Mais ou menos.

– Mas *estar* viva, ela?

Maurício lembrou que precisava ameaçar o americano, como pedira Patrícia:

– Mais brava do que viva. Aliás, ela tá furiosa! Aí dentro da cobra ela tá com a roupa amassada, o penteado bagunçado e não pode se maquiar. Não consegue nem tirar o espelhinho de dentro da bolsa... Ela até tá pensando em proces...

O ENTERRO E MAIS UMA INDENIZAÇÃO

A frase de Maurício foi cortada por um toque de seu telefone celular.

Do outro lado da linha estava Patricinha, ainda mais irritada.

— E aí, cara? Vamos ou não vamos?

— Patricinha, tô começando a falar com o dono da cobra!

— Maurício, me deixe falar com esse pamonha. Passe o telefone pra ele.

O rapaz estendeu o aparelho a Bob.

— Patricinha quer levar um papo com o senhor.

O americano pegou o celular e o colocou junto à orelha:

— *Hello*, aqui Bob falando.

— Seu coisa, o negócio é o seguinte: tô presa dentro da sua serpente. Pelo menos, é isso que diz o Maurício. Ele é meio tolinho, mas, de vez em quando, até fala a verdade. Sou filha de Ricardo Roberto Barreto Guimarães do Monte Verde. Viu cifrões? A declaração de bens que papai apresenta à Receita Federal tem mais de duzentas páginas. Ele paga o quanto for preciso pra que eu seja imediatamente retirada daqui. Portanto, pegue um bisturi e, com muito cuidado, abra a pança do seu animalzinho de estimação. Se o bicho morrer, meu pai depois paga o enterro e mais uma indenização ao senhor.

A resposta de Bob demorou muito porque Patricinha falava muito rápido e ele era lento em processar as frases que lhe diziam em português.

– Bob não vai cortar Brasiliana, *minhocobra*. *Maravilhosa* exemplar, gigante *do* floresta.

– Multiplique o preço da sua cobrinha por vinte. Fez a conta? Encontrou o resultado? Pois esse é o valor que meu pai pagará ao senhor quando eu sair daqui. Combinado?

– Vinte? Só vinte? *Ser* muito pouco. Brasiliana cobra bonita, belezim, belezura.

– Cinquenta vezes! É pegar ou ganhar um processo por cima. Porque eu posso processar o senhor pela suprema humilhação de ter sido engolida por uma cobra!

– *Cinquento* vezes? – uma chuva de moedas de ouro tilintou no cérebro do americano.

Não sou um ser racional, gente!

Enquanto Bob falava ao telefone com Patricinha, El Tigre aproximou-se da cabeça da serpente. Caminhava de lado, bem devagarinho, fazendo-se de sonso, assobiando.

Brasiliana permanecia enroscada, a cabeça erguida a um metro do chão. De olhos semicerrados, ela observava os guardas. Caso eles se movimentassem para mais uma vez pular sobre a ponta de sua cauda, daria neles uma rasteira que os poria a nocaute.

Enquanto vigiava, a cobra refletia: "Fui espancada, estrangulada, perfumada e pisoteada. Estou mentalmente arrasada por ter passado por tantas emoções fortes em tão pouco tempo. Mas mesmo assim eu não canso de me perguntar: por que os seres humanos são tão complicados? Por que eles não me deixam digerir em paz a garota que comi? Por que se preocupam tanto com uma menina tão magra? Se a garota fosse gordinha, eu até entenderia a preocupação deles".

Brasiliana passou os olhos sonolentos pelas pessoas que cercavam a jaula: "Se soubesse falar, eu conversaria com elas. Contaria a história desde o começo. Diria: olha, gente, eu estava quietinha aqui no meu canto quando uma garota magrela invadiu minha jaula. Entrou falando em voz alta no telefone. E desabou de cabeça no piso fazendo um barulhão que me botou em pânico. Sem pensar, agindo apenas por instinto, só pra me defender, eu engoli a garota. Sei que isso é errado. Mas eu não sou um ser racional, gente! Faço o que tem de ser feito e só depois é que reflito sobre os meus atos".

De tanto pensar, de tanto ruminar, a serpente sentiu sono, muito sono. Escancarou a boca e bocejou longamente. Mas não devia.

NEM PARA DENTRO NEM PARA FORA

No instante em que Brasiliana abriu a boca, El Tigre entrou em ação. O chefe da segurança do NTSC correu em direção à cobra e, com os braços esticados à frente, as mãos unidas, mergulhou de ponta-cabeça por cima da língua bifurcada.

Acreditem ou não, a verdade é essa: El Tigre enfiou-se pela boca aberta da serpente.

Primeiro houve a surpresa, claro. Brasiliana simplesmente não acreditou naquilo: um sujeito gordo como uma barrica entrando-lhe pela boca.

Depois a cobra sentiu raiva, muita raiva. Aí, ela simplesmente virou bicho.

Reunindo na garganta as poucas forças que ainda tinha, Brasiliana tentou engolir o homem com um só movimento, mas não conseguiu. O barrigão do antigo lutador havia travado as mandíbulas da serpente.

Da cintura para baixo, El Tigre ficou de fora. Isto é: ficaram de fora da cobra duas pernas grossas como troncos de árvores centenárias e uma volumosa, digamos, bunda. Isso sem falar nos dois pés enfiados em botas pretas.

Brasiliana deu umas rabanadas poderosas, mas o barrigudo não se movia. Nem para dentro nem para fora.

Aqueles movimentos bruscos interromperam a ligação de Patrícia para Bob, mas o americano permaneceu com o celular junto ao ouvido, apatetado, sonhando com uma tempestade de cédulas e moedas.

OS CABELOS LOIROS E LISOS DE PATRICINHA

alemos agora da outra metade de El Tigre, a parte dele que ficou dentro da cobra.

O primeiro movimento do velho lutador foi tentar abrir os braços, como faz um nadador ao entrar na água. Empregou muita força, mas não avançou mais do que alguns milímetros pelo interior da serpente.

Depois teve que permanecer imóvel enquanto Brasiliana dava fortíssimas rabanadas. Mas, mal ela sossegou, ele tentou mais uma braçada. Ganhou uns milímetros. E mais uma vez, de novo empregando seu muque poderoso, avançou outros milímetros.

Enquanto Brasiliana se sentia desapontada por não poder nem engolir nem cuspir El Tigre, o antigo rei das marmeladas ganhava terreno. Progredia muito vagarosamente na sua viagem para o interior da cobra, mas suas braçadas se repetiam, sem parar, uma atrás da outra.

Então, de repente, as pontas dos dedos de El Tigre, dedos que eram grossos como pedaços de um cabo de vassoura, tocaram em alguma coisa que lembrava fios de arame.

Sim, ele havia alcançado o topo do penteado de Patricinha.

Cá entre nós, os cabelos de Patrícia eram lindos: negros, macios, encaracolados e brilhantes. Mas, como toda garota que desejava ser modelo, ela decidira ser loira de cabeleira lisa. Por isso, toda semana, ia ao salão pintar os cabelos de amarelo. E, em seguida, o cabeleireiro, chamado Eddie, alisava os fios "loiros" com certos produtos químicos.

Depois de construir um penteado que ajudasse Patrícia a parecer bem mais alta, Eddie borrifava litros e litros de laquê nos cabelos "loiros" e "lisos" dela.

EU, DESCABELADA? NUNCA!

Ao sentir o contato dos dedos de El Tigre no alto de sua cabeleira, a sempre exagerada Patrícia estrilou:

— Quem tá tentando arrancar os meus cabelos?

No interior das cobras, a voz humana se propaga devagar e soa abafada, como se vinda de um lugar distante.

El Tigre ficou muito feliz ao ouvir a garota.

— Você tá viva? Que maravilha, menina!

— Estou viva, sim. Mas se, pra me salvar, você precisa destruir totalmente o meu penteado, me deixe morrer. Como é que eu vou sair daqui? Eu, descabelada? Nunca! Estou me sentindo péssima. Minha maquiagem deve ter derretido.

— Não se preocupe com sua aparência. Eu vou tirar você daqui.

— Eu negociava minha saída com o dono da cobra quando o senhor foi engolido...

— Não fui engolido. Eu invadi a goela da cobra!

As palavras de El Tigre foram cortadas por um toque de telefone.

— Me dê licença, que vou atender meu celular — disse a garota. — Quem é?

NA BOCA DE UM
LEÃO FAMINTO

atricinha?

– Claro que sou eu! Fala!

– Olha, eu tô aqui com uma equipe de televisão. Eles tão dentro da jaula, filmando você. Quero dizer, filmando a cobra. O repórter quer entrevistar você.

– Entrevistar?

– Sim. Ele quer que você fale ainda de dentro da cobra. Basta você botar só a cabeça de fora.

– *Never*! Meu penteado acabou de ser totalmente destruído por um cara que também tá entalado aqui.

– Mas é a TV Planeta! Você vai entrar direto no programa Espetáculo da Tarde. Aliás, eles já tão transmitindo daqui faz uns dois ou três minutos. Em cadeia nacional! Audiência total! Milhões de espectadores!

– Bem, nesse caso... Maurício, faz o seguinte. Corre até o salão do Eddie. Pede a ele pra vir já pra cá. A coisa vai funcionar assim: eu boto a cabeça pra fora, o Eddie ajeita meu cabelo e só depois eu falo...

– Não vai dar certo. O Eddie tem medo até de mosca!

– Pra aparecer na televisão, o Eddie me pentearia mesmo que eu estivesse dentro da boca de um leão faminto! Vá chamá-lo!

– Tá bem. Mas agora dê umas palavrinhas com o repórter.

UMAS COMPRINHAS BÁSICAS

Maurício entregou seu celular ao jornalista e saiu zunindo em direção ao segundo andar, onde funcionava o salão de Eddie.

— Alô, Patrícia. Aqui quem fala é o Alberto Solene, da TV Planeta. Você tá bem aí? Muita emoção?

— Emoção? Como assim?

— Você sentiu saudades da sua família?

— Pensando bem, ainda não tive tempo de sentir saudades.

— Você tem chorado muito? Muitas lágrimas?

— Chorar pra quê? Choro só serve pra destruir a maquiagem. Eu tô é preocupada.

— Compreendo. Preocupação com a sua vida... O medo da morte... O horror de morrer sufocada...

— Não! Tô preocupada com a minha aparência. Minha roupa virou mingau, meu penteado foi devastado, minha maquiagem escorreu e eu vou ter que jogar fora minha bolsa e meu cinto, caríssimos!

— Patrícia, nós estamos ao vivo, no ar, diante de milhões de telespectadores. Você veio ao shopping pra quê?

— Pra fazer umas comprinhas básicas. Eu ia comprar só três ou quatro vestidinhos e no máximo cinco pares de sandálias. Tenho uma festa hoje à noite. Mas agora acho que não vai dar tempo pra escolher com calma. São tantas lojas...

– Seus pais sabem que você tá aí, dentro da cobra, Patrícia?

– Não. Meus pais tão viajando. Foram à China.

– Você quer mandar uma mensagem aos seus pais?

– Na China? O seu canal passa por lá também?

– Não, mas essa filmagem certamente chegará lá. As imagens que estamos gerando aqui serão vistas nos noticiários do mundo todo, Patrícia. Afinal, não é todo dia que uma garota é engolida por uma sucuriguaçu... Mande uma mensagem de amor e de fé pra seus pais.

– Alô, pai! Alô, mãe! Não se esqueçam de depositar amanhã a minha mesada. Um beijão pra vocês!

– Bela mensagem de amor, Patrícia. Em algum momento você perdeu a esperança de sair daí com vida?

– Nunca... Olha, agora eu vou passar o telefone pra um senhor que tá aqui perto de mim. Ele quer falar com você.

DUAS ORDENS DE EL TIGRE

atrícia entregou o telefone para o chefe da segurança do NTSC, que anunciou:
— Aqui quem fala é El Tigre, O Terror dos Ringues, O Rei da Marmelada, O Mestre dos Golpes Baixos, O Mais Traiçoeiro Lutador da América do Sul... Fui um grande astro da televisão há trinta anos...

— Trinta anos? — espantou-se o repórter da televisão. — Eu nem era nascido, seu Tigre. Como está aí dentro, muita emoção?

— Não. Nenhuma. Estou tão apertado aqui que não dá pra sentir nada, além de aperto. No passado, quando eu lutava, as pessoas torciam contra mim, mas hoje...

— Seu Tigre, o senhor mora onde?

— Na minha casa.

Vendo que não conseguiria falar do seu passado glorioso sem ser interrompido por aquele repórter chato, El Tigre levantou a voz:

— Passe logo esse telefone pra um dos meus agentes!

— O senhor quer falar com um guarda, é isso?

— Exato. Eu sou o chefe da segurança.

— Que informação fantástica! Agora, vamos entregar o celular do namorado da moça engolida pela serpente pra um dos agentes de segurança...

Com os olhos fixos na câmera, sorrindo, Alberto Solene estendeu o braço com o telefone a um dos ajudantes de El Tigre e seguiu narrando:

– Caro telespectador, você está acompanhando ao vivo a empolgante tentativa de resgate de uma mocinha, Patrícia Samantha Bulhões do Monte Verde, que está dentro de uma cobra, uma supersucuri, aqui no New Time Shopping Center.

Um dos agentes segurou junto ao ouvido o celular de Maurício.

– Agente Afanásio falando!

O sistema de viva voz reproduz o vozeirão de El Tigre:

– Afana, preste atenção! A garota já tá nas minhas mãos. Quero dizer, eu tô segurando ela pelos braços... O que eu quero é que você repasse, em voz alta, duas ordens pro nosso pessoal.

– Positivo, chefe!

– A minha primeira ordem é a seguinte: eu quero alguns homens pegando a cobra pelo rabo.

– Rabo, chefe?

– A parte final da cobra! A ponta da cauda, entendeu?

– Sim.

O agente afastou o telefone da orelha e urrou:

– Tonelada, Pilão, Tijolaço, Rolha de Poço, Maçaroca, Encosto e Fenemê, peguem a ponta da cauda do animal!

Os sete homens fortíssimos que atendiam por aqueles interessantes apelidos agarraram-se à parte final do corpo da serpente.

O agente recolocou o fone no ouvido:

– Mande a segunda ordem, chefe!

– Agora quero alguns homens segurando minhas pernas. Com força!

De novo o agente voltou-se para os seus colegas e esganiçou-se:

– Reboque, Quase Morto, Tramela, Furacão, Geladeira de Açougue, Anarquia, Sonho Mau e Carroceiro, segurem as pernas do nosso chefe! Quatro em cada pata. Quero dizer, perna.

Os oito grandalhões indicados obedeceram imediatamente ao comando do colega gritão.

ELES VÃO MESMO ME TIRAR O RANGO

A serpente acompanhou atentamente os movimentos dos agentes da segurança. Num primeiro momento ela parecia sorrir ironicamente: seus olhos luziam, divertidos. Mas depois, quando os sujeitos lhe seguraram a cauda, um brilho estranho surgiu naqueles olhos de íris amareladas. Era o frio brilho do medo.

A seguir, no instante em que outros parrudões agarraram as pernas do gorducho que lhe havia invadido a bocarra, Brasiliana pestanejou. Um sentimento mais intenso percorreu-lhe o olhar: era o gélido brilho do pânico.

Porém, a serpente se recuperou em seguida. Voltou a ser a mesma de sempre, esperta, matreira, calculista: "O que será que esses patifes estão armando pra cima de mim?".

A voz do velho lutador voltou a soar no telefone e mais uma vez foi captada pelo microfone da câmera de televisão:

– Agora, vou contar regressivamente de dez a zero. Quando eu chegar ao fim, os dois grupos puxam ao mesmo tempo. Em direções contrárias, claro. Se eu não rebentar no meio, sairei da serpente.

E El Tigre começou a contar, lentamente, acompanhado pela multidão:

– Dez, nove...

Achando que o desfecho do caso ia demorar demais, Janaína resolveu entrar mais uma vez em ação. De maneira superdiscreta, ela enfiou o braço dentro da sacola de plástico que seu pai estava segurando. E tornou a apanhar o frasco de perfume para automóveis.

– Oito, sete...

De olhos fixos nos homens que seguravam as pernas de El Tigre, Brasiliana sentiu que mais uma vez seria humilhada. Por isso, chorou de novo. Ou seja, uma lágrima fria escorreu-lhe pelo canto do olho direito.

– Seis...

E logo o cérebro da cobra entrou a refletir: "É o fim da picada! Esses sujeitos vão mesmo me tirar mais esse rango da boca. Gente sem coração!".

– Cinco...

Nesse momento, Janaína adentrou a jaula com o spray em punho.

PALAVRAS DE MUITAS SÍLABAS

rasiliana entrou em pânico:
"Não, isso não! Ninguém merece levar nas narinas um jato desse negócio fedorento. Minha situação já é muito difícil: estou entalada com um gorducho que mais parece um barril de petróleo. Será que a garota magricela ainda vai me atacar de novo? Oh, se pudesse, eu me enfiava chão adentro!".
– Quatro...
O microfone tremia na mão do repórter de televisão:
– E agora, telespectadores de todo o Brasil, preparem-se para o ponto culminante da fantástica aventura vivida por Patricinha! A manobra final já foi anunciada ao vivo pela voz serena do diretor de vigilância deste importante shopping, o senhor Tigre. Daqui a instantes os dois grupos de agentes de segurança vão entrar em ação ao mesmo tempo. Os homens vão empregar toda a força que possuem. A pergunta que todos se fazem é: sairá vivo o senhor Tigre? O clima aqui é de muita emoção!
– Dois, um...
Quando Janaína acionou o gatilho que liberava o aromatizante, o operador da câmera de televisão deu um zoom no rosto da cobra. O asco fez os olhos de Brasiliana se movimentarem simultaneamente: o olho direito tentou fugir correndo para a direita, o olho esquerdo chispou para a esquerda. Uma poderosa ânsia de vômito sacudiu o imenso corpo negro-esverdeado.

– Zero!

Ao mesmo tempo, os homens que seguravam a cobra e os que pegavam as pernas de El Tigre entraram em ação.

O chefe da segurança do NTSC saiu com um estrondo semelhante ao que faz uma rolha ao ser arrancada de uma garrafa de vinho. *Plóquete!*

Com suas mãos poderosas, El Tigre agarrava com força os braços finos de Patrícia.

El Tigre, Patricinha e vários agentes rolaram embolados pelo chão da jaula.

O antigo lutador levantou já em pose de combate: mãos fechadas, olhos cravados nos olhos de Brasiliana.

Foi aplaudido vivamente pelo público.

Para acrescentar ainda mais emoção àquela cena, um empolgado Alberto Solene não economizava nas palavras de muitas sílabas:

– Felizmente, teve um final feliz essa epopeia estranhamente fascinante, recheada de peripécias deslumbrantes, que transcorreram num ritmo alucinante...

O SORRISO DE SUA VIDA

 al parou de rolar pelo chão de granito, Patricinha foi coberta por uma toalha imensa que havia sido levada para lá por Eddie, o cabeleireiro.

Imediatamente a garota foi colocada dentro de uma pequena tenda de lona, montada na jaula pela Tevê Planeta. E ali, em questão de segundos, o experiente estilista recuperou-lhe o penteado e restaurou-lhe a maquiagem. E ela saiu da tenda, linda e sorridente, para receber os aplausos delirantes do público.

Maurício colocou-se atrás da namorada para aparecer também na televisão e, mesmo temendo ser reprimido por Patricinha, mandou um discreto adeusinho para a câmera.

Fazendo cara de mau, El Tigre postou-se ao lado da garota que salvara. Sabia que aquela imagem estava sendo transmitida para todo o mundo. O velho lutador estava certo de que seria reconhecido por muita gente, principalmente por homens que haviam sido meninos trinta ou quarenta anos antes. Embora não exibisse mais a negra cabeleira que lhe descia até o meio das costas, ele ainda mantinha o mesmo olhar, um olhar que transmitia valentia sem fim, coragem inflexível e determinação total. Sim, logo alguém saberia que ele era El Tigre, O Terror dos Ringues, O Rei da Marmelada, O Mestre dos Golpes Baixos, O Mais Traiçoeiro Lutador da América do Sul.

Quando se viu sob as luzes dos refletores, Patricinha exibiu seu melhor sorriso. Daquele momento em diante seria famosa. Muito famosa. Abriu um sorriso enorme, exibindo seus belos dentinhos. Eram dentes naturalmente lindos, mas que haviam sido melhorados pelo mais famoso dentista da cidade. Ela sorriu daquele jeito porque sabia que todas as pessoas que aparecem na TV têm de sorrir o tempo todo.

Levemente contrariado, Alberto Solene preparou-se para a entrevista. Ele gostaria mesmo era de ter entrevistado a garota com meio corpo para dentro da cobra. Mas, mesmo assim, aquele era um trabalho importante. A entrevista seria transmitida para todo o país e, logo depois, retransmitida por emissoras de televisão do mundo inteiro. Por isso, ele também não economizou na exibição de dentes e gengivas.

UMA CHANCE REAL DE SALVAÇÃO

Num dos cantos da jaula, enrodilhada, olhos fechados, deprimida, Brasiliana suportava os carinhos de Bob.

O americano passou a mão pelo dorso da serpente.

— *Minhocobra*, se preciso *sesse*, Bob daria sua vida por sua vida!

Exausta, tristonha, a serpente suspirou: "Meu dono não está mais cheirando a alho e cebola. Agora fede a perfume de automóvel, o que é bem pior".

E começou a chorar em silêncio.

Em outro canto da jaula, o pai de Janaína retirou das mãos da filha o spray vazio:

— Me espere aqui que eu vou comprar um novo tubo. Mas eu não vou pagar do meu dinheiro, não. Vou descontar inteirinho o valor da sua próxima mesada. Ouviu?

Ao sair da jaula, o pai de Janaína quase esbarrou na mãe de Tonico, que estava dizendo ao filho:

— Querido, me espere só mais um pouquinho. Fique por aqui se divertindo com essa confusão. Mas mantenha-se bem comportado. Agora eu vou escolher uma tintura pro meu cabelo. É coisa de no máximo uma horinha.

Depois que a mãe de Tonico se foi em direção à perfumaria, o menino encaminhou-se até onde estava Janaína.

Chegando lá, apontou para o canto da jaula.

– Agora tô com peninha dela. A coitada sofreu pra burro.

– É verdade – concordou a menina. – Ela foi muito maltratada. Inclusive por nós.

Tonico e Janaína aproximaram-se da serpente.

– Que beleza! – exclamou o garoto. – Só olhando de pertinho a gente percebe o quanto ela é linda.

– Linda? Olhe bem pra ela! Ela é simplesmente maravilhosa! Esverdeada e pretona. Mas deve ficar ainda mais linda quando desliza pelo meio da floresta.

– É. Mas deu o azar de ser capturada. Aí, foi trazida pra cá.

– Ela deve tá com saudade da floresta, pobrezinha.

Os dois jovens pararam a dois metros de onde estavam a serpente e seu dono.

Bob, de costas para eles, continuava a acariciar Brasiliana com sua mão de pelos loiros.

Tonico lançou um olhar ao redor. Todos os que cercavam a jaula estavam com os olhos fixos no ponto iluminado onde se encontravam, lado a lado, de frente para a câmera, sorridentes e falantes, Patrícia Samantha Bulhões do Monte Verde e Alberto Solene.

Depois, em voz baixa, o menino arteiro se dirigiu a Janaína:

– Quem sabe a gente bola um plano pra libertar essa cobra?

– Só se for pra já! – disse a menina. – A gente precisa agir logo!

Então, aos cochichos, os dois começaram a bolar uma estratégia para salvar a sucuriguaçu.

Ninguém prestava atenção neles.

Ninguém, não. Minto. Eles eram observados por uma esperançosa Brasiliana. Porque, como já foi dito, ela percebia as intenções humanas. De repente, o rosto da cobra exibiu um sorriso discreto. E ela piscou um olho cúmplice para Tonico e

Janaína. Sim, com a ajuda daqueles dois jovens seres humanos, daqueles "aborrescentes" que tanto a haviam azucrinado naquele dia, ela tinha uma chance. Uma chance, uma grande chance, uma chance real de salvação.

O AUTOR Nasci na cidade de Pelotas, RS, à beira da Lagoa dos Patos, mas passei minha infância em Bagé, na fronteira com o Uruguai. Formei-me em Jornalismo em 1975 e desde então vivo de ler ou escrever. Filho e neto de contadores de causos, acabei virando um escrevedor de histórias, na maioria dedicadas aos jovens. Quando começo a escrever uma história, quase nada sei sobre o final dela. A graça do meu trabalho é essa: ir descobrindo aos poucos a trama e as personagens. Então, um dia, depois de ler um conto de Dostoiévski sobre um homem engolido por um crocodilo, imaginei uma garota chamada Patricinha que um dia...

O ILUSTRADOR

Nasci em Juiz de Fora, Minas Gerais. Ganhei alguns prêmios em salões de pintura e desenho, participei de Bienais de Arte, mas preferi estudar Desenho Industrial e produzir imagens em quantidade, espalhar desenhos.

Comecei ilustrando capas de livros (foram mais de mil), uma maravilhosa experiência. Trabalhei em projetos de tecnologias alternativas, cultura, e, um dia, cansado da lógica irracional dos adultos, resolvi cair de sola, de cara e de coração na literatura infantil e juvenil. Desenhei para muitos autores, uma montoeira de personagens, tudo o mais divertido que pude.

Ganhei prêmios internacionais e nacionais, mas não ligo para eles.

Outro dia me perguntaram: "Se você fosse dar uma dica para quem quer se tornar autor ou ilustrador, o que diria?". Respondi: "Não deixem que lhes entupam a cabeça com regras. Sejam livres, rabisquem. Rabisquem e garatujem o mundo do jeito que gostam. Quando o papel da meninice acabar, usem a vida para rabiscar".

Cláudio Martins

Este livro foi composto com tipografia Bembo STD e
impresso em papel Off Set 90 g/m^2 na Formato Artes Gráficas.